Martine Esquirou
Guillaume du Poy

W0285983

# FEMMES ET START-UP

## *Les clés du succès*

DUNOD

Couverture : Nicolas Wiel, Florie Baudoin
Illustrations : © Mary Long – Shutterstock
Fabrication : Damien Naranin
Mise en pages : Nord Compo

**NOUS NOUS ENGAGEONS EN FAVEUR DE L'ENVIRONNEMENT :**

Nos livres sont imprimés sur des papiers certifiés pour réduire notre impact sur l'environnement.

Le format de nos ouvrages est pensé afin d'optimiser l'utilisation du papier.

Depuis plus de 30 ans, nous imprimons 70 % de nos livres en France et 25 % en Europe et nous mettons tout en œuvre pour augmenter cet engagement auprès des imprimeurs français.

Nous limitons l'utilisation du plastique sur nos ouvrages (film sur les couvertures et les livres).

© Dunod, 2023
11 rue Paul Bert, 92240 Malakoff
www.dunod.com
ISBN : 978-2-10-084584-2

# SOMMAIRE

*Pour ne pas alourdir le texte, nous nous conformons à la règle qui permet d'utiliser le masculin avec la valeur de neutre. Ce choix n'a aucune valeur discriminatoire.*

# Préface

*Acteur familial français de l'immobilier employant cinq mille collaborateurs pour un chiffre d'affaires annuel d'un milliard d'euros, le groupe Duval a fait de UGolf le premier acteur du golf en Europe et LeClub est devenu le premier réseau mondial de clubs. Il a par ailleurs fait d'Odalys, avec quatre cent trente résidences, le n° 2 européen de la résidence gérée sur les marchés de l'hébergement touristique (avec les marques Odalys Vacances et Odalys Plein Air), des affaires (avec la marque Odalys City) et des étudiants (avec la marque Odalys Campus). Il est également un acteur socialement innovant de résidences services seniors avec sa marque Happy Senior. À côté de ses activités, le groupe accompagne des sociétés innovantes, en particulier des start-up, et gère à ce titre un large ensemble de participations financières.*

Dans une époque de profondes mutations sociales, économiques et environnementales, nous avons plus que jamais besoin de modèles inspirants. Des femmes engagées, qui osent entreprendre dans tous les domaines et qui ont le courage de faire sauter les tabous. Des femmes à qui les jeunes générations auront envie de ressembler.

Les portraits de start-uppeuses retracés dans cet ouvrage en sont autant d'incarnations diverses. Chacune, à leur manière, nous montre que l'entreprise est un outil formidablement efficace de transformation, qu'elle possède une force de frappe redoutable pour changer les mentalités et infuser dans la société les grands changements d'avenir.

L'un de ces chantiers structurants est l'égalité femmes-hommes et la représentation des femmes dans l'ensemble des secteurs d'activité et à tous ses échelons. Car la mixité n'est pas seulement une absolue nécessité – miroir de la société, source d'enrichissement, d'ouverture d'esprit, de créativité. Elle est aussi un facteur de compétitivité – et c'est prouvé : selon une récente étude de l'Organisation internationale du travail, les trois quarts des organisations favorisant l'égalité femmes-hommes dans les postes à responsabilité observent une augmentation de leurs bénéfices allant jusqu'à 20 %.

J'en constate tous les jours la richesse sur le terrain, dans le groupe familial que je dirige, et c'est pourquoi nous avons tenu à être exemplaires sur ce sujet. Dans le groupe Duval, 56 % des effectifs sont des femmes, à tous les niveaux de responsabilité ; nous avons par exemple été dans les premiers à adhérer au *Parental Act* afin de permettre au second parent de bénéficier d'un congé parental de quatre semaines intégralement rémunéré. On peut toujours mieux faire et l'on s'y emploie chaque jour, mais il est crucial de se montrer précurseur sur ces sujets, d'imposer des quotas, des règles, des cas d'études, pour travailler activement à une plus grande parité et entraîner les autres acteurs à notre suite. Il faut toujours partir du principe que si l'on ne le fait pas, personne ne le fera à notre place.

Au-delà, il est de notre responsabilité, nous, femmes et entrepreneuses, de faire jouer la solidarité féminine pour encourager les femmes à se lancer dans l'entrepreneuriat. Cet engagement relève pour moi de la dynamique de la transmission qui m'est chère – transmission de bonnes pratiques, de confiance, d'expérience, qui guide au quotidien mon action en tant que *business angel*.

Les entreprises fondées et dirigées par des femmes représentent environ un tiers des start-up que j'accompagne et je suis particulièrement fière de pouvoir les soutenir : trop d'entrepreneuses brillantes peinent encore à trouver des investisseurs et à se développer, simplement parce qu'elles sont des femmes. Et je suis convaincue que c'est en développant un véritable esprit de sororité, en sachant s'entraider, former un réseau et inspirer, que nous pourrons faire bouger les lignes et briser enfin le plafond de verre, qui est encore une réalité dans la société.

Puisse cet ouvrage ouvrir de nouvelles perspectives et devenir un trésor d'inspiration pour les générations futures.

**Pauline Boucon-Duval,** directrice générale du groupe Duval

# Introduction

Les start-up font totalement partie du quotidien des Français : trois Français sur cinq (62 %) utilisent au moins une fois par mois un de leurs produits ou de leurs services, selon un sondage IFOP (sondage par Roland Berger) de janvier 2022. Ils vont désormais naturellement prendre rendez-vous avec un professionnel de santé sur Doctolib, acheter des vêtements sur Veepee ou Vestiaire Collective, ou voyager avec Blablacar… À cette révolution, vient s'en ajouter une autre, plus silencieuse. Longtemps à la lisière de ce nouveau monde, essentiellement façonné par des hommes, les femmes entrepreneuses y font depuis vingt ans une entrée discrète mais remarquée.

En 2023, les chiffres du prestigieux label French Tech Next 40/120[1] illustrent une vraie percée. En effet, alors qu'elles n'étaient que cinq en 2020, trois ans plus tard, ce sont quinze start-up, fondées (sept) ou cofondées (huit) par des femmes, qui ont fait leur apparition dans le palmarès. Pour la première fois, le French Tech Next 40 intègre même une femme présidente, Éléonore Crespo, cofondatrice de Pigment, une start-up de la FinTech détrônant les fichiers Excel avec son logiciel de planification financière.

Si cette progression des femmes est visible, on est loin d'une vague de fond. Les chiffres témoignent de l'étendue des efforts à accomplir pour encore ouvrir les vannes et accepter que les femmes puissent prétendre aux mêmes tours de table financiers que leurs homologues masculins. Ainsi, elles restent moins nombreuses que les

1. Le French Tech Next 40/120 regroupe un label et un programme d'accompagnement spécifique qui bénéficie sur fonds publics aux meilleures entreprises innovantes, les futurs leaders technologiques.

hommes dans les créations ou cocréations de start-up (8 % fondées et 13 % cofondées, soit 21 % selon le baromètre SISTA-BCG de 2023, contre 24 % en 2022, en léger repli dû à la baisse des équipes mixtes) et moins d'un cinquième des fonds levés en 2022 ont été attribué à une équipe fondée ou cofondée par des femmes. De plus, le montant moyen levé par des équipes uniquement de femmes reste environ quatre fois inférieur à celles composées uniquement d'hommes.

Pourquoi l'entrepreneuriat français se priverait cependant des talents de 50 % de la population ? Les jeunes créatrices d'entreprises sont innovantes, tenaces, ambitieuses. Avec elles, un vent d'optimisme souffle sur une économie française qui résiste encore à la crise sanitaire, aux effets de la guerre en Ukraine, et tente de trouver des solutions aux défis d'aujourd'hui, aux transitions numérique et énergétique face au changement climatique. Elles inventent de nouveaux modes d'être, de travailler, de produire, de soigner.

Notre enquête nous a permis de rencontrer des dizaines de jeunes fondatrices de start-up, aux quatre coins de la France. Notre panel montre à quel point elles sont audacieuses et créatives. Nous avons ainsi choisi de présenter les parcours d'entrepreneuses « stars », mais aussi d'« étoiles montantes ». Notre espoir ? Que le monde de la finance, encore réticent, apprenne à définitivement leur faire confiance et à soutenir ces pionnières. Aussi, nous avons donc recueilli le point de vue et la parole de ceux qui les accompagnent : investisseurs, banquiers, directeurs de réseaux, de clubs féminins, d'incubateurs, d'accélérateurs…

Notre propos, le sens de ce livre, est de donner envie à de plus en plus de femmes de se lancer dans l'aventure, grâce à des témoignages et des conseils inspirants, issus de parcours remarquables. Nous espérons aussi être utiles à ceux qui observent l'écosystème des start-up ou qui veulent s'en rapprocher afin de mieux comprendre les ressorts et les opportunités créées. Et de donner des repères simples autant que possible.

Comme le disait Ruth Bader Ginsburg : « À mesure que les femmes accéderont au pouvoir, les barrières tomberont. Alors que la société voit ce que les femmes peuvent faire, que les femmes voient ce que les femmes peuvent faire, il y aura plus de femmes qui feront des choses et nous nous en porterons tous mieux. »

### Qu'est-ce qu'une start-up ?

La définition la plus simple d'une start-up ? Une entreprise nouvelle et innovante, en phase de démarrage, qui présente un fort potentiel de croissance et donc de valorisation dans un futur proche. Déjà en soi, tout un programme.

Au-delà du critère de l'âge (moins de cinq ans), l'Insee classe les start-up en trois catégories :

- selon leur rythme de croissance ;
- selon leurs innovations ou leurs activités de recherche et développement (R&D) ;
- selon leur mode de financement, comme des entreprises qui lèvent des fonds.

Bien évidemment, une start-up peut combiner toutes ces qualités.

# 1

# La longue conquête des start-up par les femmes

Note préliminaire : il existe peu d'études de référence sur le sujet des femmes et des start-up en dehors du baromètre SISTA-BCG et des publications de la French Tech. Nous avons donc puisé nos chiffres dans des études diverses et souvent partielles, non homogènes, émanant de banques, d'institutions publiques ou de médias (voir bibliographie). À aucun moment nous ne prétendons être exhaustifs ou définitifs dans les termes, le chiffrage et les contours d'un phénomène encore naissant et qui reste scruté.

# LES START-UP, L'ULTIME FRONTIÈRE

## Des femmes modèles ?

« Nous avons besoin de femmes modèles pour faire bouger les lignes », martèlent les réseaux féminins. À juste titre. Car nos représentations mentales restent bien ancrées et biaisées sur le rôle et la place des femmes en entreprise. Un indicateur d'abord. « Seuls 5 % des directeurs généraux dans le monde sont actuellement des femmes », soulignait une étude du cabinet Heidrick & Struggles, citée en mars 2021 par l'organisation de jeunes dirigeants YPO dans le cadre de la préparation du sommet HeForShe de l'ONU. Aux États-Unis, elles ne sont que 6 % en 2021 parmi les dirigeants à la tête des cinq cents entreprises de l'indice Standard and Poor's. En France, en 2022, on a vu l'irruption de… trois femmes à la tête des entreprises du CAC 40. Elles sont toutefois passées en 2023 de neuf à onze cheffes d'entreprises, présidentes ou directrices générales dans les entreprises du SBF 120. Si progrès il y a dans la féminisation des dirigeants, il tarde donc clairement à se matérialiser : les femmes PDG ou simplement DG restent très largement minoritaires.

Dans le monde des start-up, le constat est le même : la percée des femmes y est plus rapide avec des chiffres scrutés d'une année sur l'autre. Ainsi, si elles sont 31,2 % (selon Infogreffe) à fonder leur société, chiffre qui englobe les micro-entreprises, elles sont en réalité

21 % à créer une start-up, c'est-à-dire une société innovante et promise à forte croissance, selon les derniers chiffres du baromètre (2023) du collectif de femmes SISTA et du groupe BCG. Dernier chiffre : 13 % sont des cofondatrices. Toutefois, la bonne nouvelle réside dans le fait que ces chiffres progressent à toute allure : elles sont près de trois fois plus nombreuses qu'en 2018 (9 %) à lancer leur start-up (selon le baromètre IEF de BpiFrance). Ainsi, les créatrices d'entreprises existent bel et bien, s'accrochent et s'installent dans un paysage économique français qu'elles contribuent à redynamiser.

Signe des temps, ce sont successivement deux femmes qui ont récemment été nommées à la tête de la French Tech, le bras armé de la puissance publique pour accompagner les start-up dans leur ascension. Ce fut d'abord en 2018 Kat Borlongan, 35 ans, une brillante immigrée franco-philippine, nommée depuis *Chief Impact Office* (directrice en charge de l'impact) de la licorne ContentSquare. Puis, en 2021, elle était remplacée par Clara Chappaz, 32 ans, *Chief Business Officer* (directrice du développement) de Vestiaire Collective. « J'ai peu à peu accepté d'endosser ce rôle modèle de la diversité », confiait la discrète Kat Borlongan aux *Échos* en quittant son poste en 2021. Nouvelles héroïnes de notre époque, à l'instar de ces deux figures symboliques, les fondatrices de start-up s'imposent dans le paysage foisonnant du jeune entrepreneuriat.

Ce n'est donc pas encore un raz de marée, mais la vague des « start-uppeuses » déferle depuis près d'une vingtaine d'années. Les années 1980-1990 ont notamment marqué un tournant pour les femmes avec l'irruption d'Internet et des innovations Tech, ouvertes à la créativité de tous. Le numérique leur a permis de se saisir d'un nouvel espace de démocratisation et de propagation, de nouveaux modes de communication et de commercialisation. Il faut cependant attendre les années 2000 et la floraison de la « French Tech » pour voir surgir les premières vraies cohortes de fondatrices de start-up rodées aux codes de l'entreprise conquérante. Avec juste une « bonne » idée et beaucoup de travail, elles se lancent, généralement sans capital de départ, avec leurs économies ou du *love money* (financement par la famille et les amis).

Aujourd'hui, les fondatrices de start-up préfèrent le qualificatif d'« entrepreneures » ou « entrepreneuses », plus ancré dans l'action et dans la durée. Encouragées par les collectifs de femmes et de nombreuses initiatives politiques ou associatives, les nouvelles entrepreneuses ne font que gagner chaque année des places au tableau de la French Tech, l'indice de référence en France.

## Qui sont-elles ?

Dans son édition 2021, l'indice entrepreneurial de BpiFrance[1] montre l'implication croissante des Françaises dans l'entrepreneuriat (+ 3 points par rapport à l'édition 2018), particulièrement dans les quartiers prioritaires des politiques des villes où la progression de l'indice est de + 5 points en l'espace de trois ans à peine, selon Philippe Mutricy, directeur de l'évaluation, des études et de la prospective à BpiFrance. Laurence Tassone, responsable de l'Observatoire de la création d'entreprise, précise pour sa part que « penser à créer ou reprendre une entreprise, voire passer à l'acte, devient plus naturel pour les femmes, même s'il reste encore un peu de chemin à parcourir pour atteindre une "présence entrepreneuriale" équivalente à leur poids dans la population française ».

L'enquête révèle cependant des freins persistants : stéréotypes, manque de confiance des femmes dans leurs capacités à diriger, déficit d'information et faiblesse de leurs réseaux professionnels… Seules cinq femmes sur dix affirment posséder les compétences pour entreprendre comme décider, négocier ou présenter des résultats. Celles qui se lancent dans la création d'une entreprise cumulent alors les inégalités issues du monde salarial (selon l'étude d'Asteres de 2021) et sont par ailleurs deux fois plus sensibles au risque d'échec (18 %

1. L'étude est faite à partir d'une enquête auprès de cinq mille cinq cents personnes représentatives de la population française.

contre 10 % chez les hommes). Pour se prémunir sans doute de ces risques, les femmes dirigeantes sont plus diplômées que les hommes, 72 % d'entre elles étant titulaires d'un master ou d'un doctorat.

La spécialisation sectorielle héritée aussi du monde salarial est un autre type d'obstacle insidieux. Aujourd'hui, globalement 90 % des femmes actives évoluent dans le secteur tertiaire et ont tendance à créer des entreprises dans les services peu gourmands en capitaux et à faible croissance, donc généralement boudés par les investisseurs. Une enquête réalisée auprès d'un important réseau de *business angels* en France révèle même que 43 % des femmes entrepreneuses ont levé des fonds pour une activité dans les services contre 28 % des hommes. En seconde position, les femmes étaient spécialisées sur la distribution (21 %) quand les hommes l'étaient dans les logiciels (21 %)[2]. La faible prévalence de femmes dans le numérique (seulement 28 % des employés seraient des femmes) pose encore plus la question de l'émergence de modèles féminins de réussite dans ce secteur très porteur[3].

Autres différences notables : l'IEF 2021 montre que l'envie d'entreprendre des femmes est davantage guidée par la quête de sens dans leur projet professionnel. Ce qui a motivé les femmes chefs d'entreprise à se lancer, c'est de réaliser un rêve (26 % contre 17 % pour les hommes). À parité avec les hommes déjà entrepreneurs, elles veulent être leur propre patronne (24 %) ou exercer une activité en adéquation avec leurs valeurs (21 %). Plus notable encore, pour les femmes entrepreneuses, les enjeux financiers passent à l'arrière-plan : l'augmentation des revenus ou du capital, motivation principale chez les hommes (26 %), arrive seulement en quatrième position (18 %). De même, créer son propre emploi ou celui d'un proche n'est pas prioritaire (7e position sur 12).

---

2. Bellier A. et Idi Cheffou A., « Investissements et projets entrepreneuriaux face aux stéréotypes de genre », Université de Cergy-Pontoise, 2019.
3. Welcome to the Jungle, « Comment augmenter peu à peu la place des femmes dans la Tech ? », *solutions.welcometothejungle.com*, livre blanc, 2021.

## Un contexte plus favorable

Malgré les difficultés que les entrepreneuses rencontrent, les femmes profitent d'un contexte général plus favorable à l'entrepreneuriat aujourd'hui. « Nous devons devenir en cinq ans la Nation des start-up », lançait en 2017 le candidat Macron qui voulait en faire un « marqueur » de son quinquennat. « L'esprit start-up, c'est le courage, c'est l'audace, c'est l'agilité », ajoutait-il. Le gouvernement a donc accompagné et voulu intensifier un phénomène qui court depuis plus de vingt ans. À l'image de l'Europe, vingt-quatre pays de l'UE s'engageaient en 2020 à harmoniser les aides et les réglementations pour favoriser la création de start-up et encourager l'innovation dans les secteurs les plus stratégiques pour le continent, visant la création de deux cent cinquante « licornes » (des start-up valorisées plus d'un milliard d'euros) d'ici à 2030.

Stimulée par son besoin de se renforcer dans les technologies et l'innovation, la France a mis les bouchées doubles. La création en 2012 de la BpiFrance (banque publique d'investissement), puis de la French Tech en 2013 qui lui est lié, à la fois label et écosystème pour les start-up, avaient préparé l'envolée. Les deux institutions ont permis aux start-up de bénéficier depuis deux décennies de fonds inédits et ont créé un environnement favorable à l'éclosion de « jeunes pousses » à travers des partenariats publics-privés. Le plan France 2030, doté de cinquante-quatre milliards d'euros sur cinq ans, est venu conforter, au-delà des industries traditionnelles, l'ambition des pépites de la Tech. Ainsi, en 2021, la France comptait un million de jeunes entreprises (moins de cinq ans) employant 1,5 million de salariés.

Loin de ce flot de créations essentiellement de micro-entreprises, le nombre de « vraies » start-up, publié en 2021, se réduit en réalité à vingt mille entreprises. L'Insee les distingue des entreprises individuelles et répartit ces jeunes pousses ambitieuses en deux catégories : les entreprises innovantes (12 900) et celles qui lèvent des fonds

(5 800). Pour la vraie fleur des start-up, elles ne sont plus que 1 583 (0,1 %), ces fameuses « gazelles » qui conjuguent à la fois les critères de croissance et d'innovation propres. À ce stade, la start-up arrive donc à une phase plus mature avec un produit déjà avancé et un marché bien identifié. Elle fait au minimum un million d'euros de chiffre d'affaires et emploie au moins dix salariés. C'est une étape et une phase délicates car elle doit alors passer à l'échelle (scale-up) pour confirmer son potentiel de croissance et réussir à trouver des financements. Toutefois, très peu de femmes parviennent à ce palier.

### Âge, diplômes… des statistiques intéressantes sur les entrepreneuses

- Elles sont plus jeunes !

  Les fondatrices de start-up sont 58 % à avoir moins de 40 ans, contre 47 % pour les hommes.

- Elles sont plus diplômées !

  Elles sont 72 % à avoir un master ou un doctorat (42 % pour les hommes).

- Elles sont plus audacieuses !

  Huit créatrices sur dix se sont lancées en 2020 dans leur premier projet entrepreneurial, 40 % d'entre elles ayant quitté le salariat. Aujourd'hui, 40 % des entreprises françaises sont fondées par des femmes et, concernant les start-up, leur nombre est passé de 9 % en 2018 à 24 % en 2021, mais a accusé en 2022 un léger repli à 21 % selon le bilan promo 2023 FrenchTech Next 40/120.

### Les chiffres de la French Tech

Pour accompagner ces jeunes pousses prometteuses, la French Tech a développé en France et dans les territoires d'outre-mer, des écosystèmes spécifiques. En février 2023, ce sont seize « capitales » et trente-deux « communautés » qui sont labellisées. À l'étranger, le mouvement a aussi essaimé et dispose d'antennes dans une centaine de villes sur trois continents. La « mission French Tech » fédère ainsi les acteurs de l'innovation sur chaque territoire : start-up, fonds d'investissement, structures d'accompagnement, services publics, financeurs, grands groupes, centres de recherche… Elle les mobilise sur des initiatives communes, en accord avec les enjeux stratégiques définis au niveau national, dans des plans comme France 2030 ou en fonction des priorités locales. Les territoires se sont alors dotés de campus et d'incubateurs qui se spécialisent comme Lyon, dédié à la FinTech, ou Aix-Marseille sur la GreenTech. Mais sur le terrain, de vraies inégalités perdurent. Alors qu'une start-up sur deux n'est pas francilienne, l'Ile-de-France concentrait encore 80 % des montants levés pour accompagner leur croissance en 2021.

## DES BIAIS SÉLECTIFS

### Les investisseurs sont majoritairement des hommes…

Même avec une idée formidable, une start-up doit d'abord passer par une phase d'expérimentation de son marché et de son modèle économique. C'est donc une entreprise qui demande des investissements importants et risqués, dès le départ. Car si elles font rêver, les start-up sont fragiles ! La part de risque est partie intégrante de l'aventure. Selon le baromètre de Tool Advisor (2020) qui constate le manque de chiffres fiables à agréger, 60 à 90 % d'entre elles échoueront avant cinq ans. Plus de deux sur trois. Et pour la plupart, faute de financements.

La première marche haute pour les créatrices de start-up se trouve là : les start-up fondées par des femmes réalisent 7 % du nombre de levées de fonds et concentrent seulement 2 % des fonds levés en 2022. Le chiffre est vertigineux ! Les femmes entrepreneuses sont non seulement moins nombreuses que les hommes, mais elles lèvent également moins d'argent qu'eux . Toujours en 2022 (et selon le même baromètre que précité), seulement deux start-up ont levé plus de cinquante millions d'euros (rapport BCG pour SISTA).

### La ronde des cycles de financement

Les start-up ont des besoins en capitaux cruciaux pour financer leur développement, avec un lexique propre à chaque étape.

Une start-up va passer par le stade de germination (« *early stage* » ou *seed*) où elle recherche des fonds d'amorçage pour se lancer. À l'étape suivante, elle entre dans une ronde de financements plus importante : elle va chercher des fonds en série A (de un à cinq millions d'euros) pour prouver la viabilité de son modèle et atteindre la rentabilité, puis en série B (de deux à dix millions d'euros) lors de la phase d'accélération et d'internationalisation. Enfin, étape ultime, elle peut monter en série C qui voit éclore les « licornes ». Et, au-delà, dans des séries D, E, F, etc.

Valorisée un milliard d'euros, la licorne est le Graal de toute start-up : en France, en 2022, il en existait vingt-six. Les séries A, B et C sont donc des tremplins pour transformer une idée ingénieuse ou une innovation en une entreprise disruptive et mature.

La vraie inégalité entre les femmes et les hommes face à l'entrepreneuriat se trouve ici, dans le manque d'accès à des moyens de développement et de financement. Alors que les entreprises créées et dirigées par des femmes affichent une rentabilité opérationnelle, elles continuent d'avoir du mal soit à lever des fonds, soit même à oser le faire.

## Des financements au compte-gouttes pour les femmes

« Les investisseurs ne traitent pas les femmes de la même façon que les hommes ! », alerte Valentine de Lasteyrie, directrice générale d'Albingia, fondatrice du *family office* Fiblac et dirigeante du collectif SISTA dans un article paru en 2019 dans le magazine *Challenges*.

Le constat est en effet sans appel : en 2021, les quinze plus grosses levées, à elles seules, ont raflé 41 % du total des levées de fonds principalement dans les séries B et C, où les femmes ont déjà disparu. Dans le même temps, les montants investis dans l'amorçage (premier niveau de levée) ont stagné alors que le nombre de créations ne cesse d'augmenter. C'est ainsi que le nombre de levées en *seed* (ou amorçage), là où les femmes restent très nombreuses, a baissé graduellement de trois cent cinquante-sept levées trois ans plus tôt à deux cent vingt-et-une en 2021. En clair, les capitaux vont aujourd'hui aux start-up à succès, déjà matures, et peu à la création de nouvelles.

L'étude de BCG pour SISTA en 2021 auprès de quinze mille start-up confirme cette flagrante discrimination. Plus le besoin en financements grandit, au fur et à mesure du développement de la jeune pousse, et moins les créatrices d'entreprises vont réussir à attirer des capitaux. Les femmes ont ainsi 40 % moins de chance d'accéder aux séries A, 80 % de chance en moins d'accéder aux séries B et 100 % de moins aux séries C.

Exception notable, entre 2020 et 2022, la start-up Pigment cofondée par Éléonore Crespo a cumulé au total près de cent cinquante millions d'euros en levées de fonds. Comment est-ce possible ? Pigment a cartonné dès sa création en 2019 en proposant un outil simple (une sorte de fichier Excel amélioré et interactif) pour piloter l'ensemble des finances d'une entreprise. « La plateforme est connectée en temps réel à tous les outils de l'entreprise et peut analyser les données en très grande quantité », expliquait sa fondatrice. Elle est ainsi la première femme à hisser sa start-up au rang de licorne et à l'inscrire au French Tech Next 40, l'indice de référence en France. Mais le succès d'Éléonore Crespo reste l'arbre qui cache la forêt. Pour preuve, la French Tech avait levé près de douze milliards d'euros en 2021, redistribués auprès de sept cent quatre-vingt-quatre start-up avec un déséquilibre patent : 88 % du total était capté par des équipes de fondateurs 100 % masculines.

De manière générale, note le collectif SISTA sur son baromètre 2022, les entrepreneuses reçoivent en moyenne 2,5 fois moins de fonds que leurs collègues masculins. Par manque d'audace ? Absolument pas. Elles créent près d'une jeune pousse sur quatre, mais c'est tout le système de financement, des *business angels* aux sociétés d'investissement qui est discriminant et qui se prive de conquérir avec elles de nouveaux secteurs. Le phénomène est sidérant. Pourtant, les femmes osent, se lancent dans des projets ambitieux avec des business plans solides et vont même jusqu'à afficher une rentabilité opérationnelle de 8 % contre 5,7 % pour leurs homologues masculins, comme le relève la dernière étude d'Asteres pour Neuflize de 2019. Une des raisons est que le capital-risque constitue un métier essentiellement masculin, avec des effets miroirs bien connus : les hommes auraient tendance à investir dans des projets portés par des hommes et, inversement, les femmes investiraient plus dans des sociétés créées par des femmes. La mixité de la profession constitue donc une clé de la levée des discriminations.

Petite lueur d'espoir : le bilan 2022 du baromètre SISTA-BCG donne une prime aux équipes mixtes (elles baissent légèrement à 13 % en 2022). Alors qu'elles représentent 16 % des créations de start-up (contre 8 % pour les équipes uniquement féminines), elles ont 1,4 fois de plus de chances d'être financées dans les premiers tours de financement que les équipes 100 % masculines. Un premier signe que la tendance évolue.

## *Love money* et *business angels* : la meilleure stratégie de financement ?

Pour leurs premières aides financières, les jeunes entrepreneuses vont alors avoir tendance à aller piocher ailleurs, dans leurs économies ou l'argent de leurs proches, ou dans le crowdfunding (participation communautaire). Elles peuvent également bénéficier d'une bourse de la French Tech (trente mille euros) ou faire appel aux prêts bancaires. Enfin, elles peuvent chercher du côté des *business angels*, ces investisseurs individuels qui misent sur l'innovation d'une start-up ou sur son développement, avec des tickets relativement limités (de dix à cinquante mille euros en moyenne).

Or, la France continue cruellement de manquer de ces bons « anges » de la finance : ils seraient cinq mille cinq cents sous drapeau tricolore contre quarante mille au Royaume-Uni et cinq cent mille aux États-Unis. Et on ne compterait en France que 10 % de femmes parmi les *business angels*, ce qui n'est clairement pas suffisant. Éduquer et entraîner les femmes dans l'investissement est probablement une des clés à l'avenir pour changer la donne.

Chantal Baudron, qui fait partie des premières *business angels* en France, est aussi la seule à figurer en 2021 parmi les trente premiers investisseurs en France. « J'aimerais bien que d'autres femmes me rejoignent dans le classement. Beaucoup n'osent pas car elles imaginent qu'il faut bien connaître la finance, alors qu'il suffit qu'elles fassent confiance à leur capacité de jugement », nous confiait-elle en novembre 2022.

## Des secteurs et des business models jugés moins attrayants

Si les jeunes pousses proposent un nombre croissant de solutions pour les entreprises et dans tous les domaines (finance, ressources humaines, santé, logistique, voyages…), cette profusion présente une variété en trompe-l'œil. En effet au sein de la « Start-Up Nation », les investissements continuent de se concentrer sur les jeunes pousses dans les FinTech (21 % des levées), l'e-commerce (18 %) et le gaming (9 %)[4], des secteurs hautement masculins[5]. Le haut du panier ? Les start-up répondant au doux acronyme anglais de « SaaS BtoB » (littéralement : le « *Business-to-Business Software as a Service* »), proposant à des entreprises en ligne des logiciels basés sur le Cloud et qui fonctionnent sur abonnements. À l'opposé, les femmes étaient majoritaires en 2018 dans

4. Sources : Insee (2021) ; Banque des territoires sur l'EdTech (2022).
5. Indice entrepreneurial de BpiFrance, mars 2022.

le BtoC (*Business-to-Consumer*) pour des projets directement de l'entreprise vers le consommateur, peu prisés des financiers : le social (22 %), les services aux particuliers (18,6 %), l'e-commerce (16,4 %) et le consulting (14 %)[6].

La concentration des femmes sur les secteurs dont les gains de productivité sont jugés plus limités, avec une intensité capitalistique faible, va mécaniquement obérer les perspectives de croissance de ces entrepreneuses. Même pour celles qui créent une entreprise avec l'envie de grandir, la spécialisation sectorielle limite leurs perspectives de croissance. En clair, elles ne répondent pas aux canons en vigueur auprès des investisseurs. Leur choix de secteurs au regard d'un système de financement conservateur implique des besoins moins gourmands en capitaux et donc une croissance moins rapide. Le secteur de l'EdTech, par exemple, qui compte à lui seul 33 % de femmes fondatrices, ne représentait en 2021 que 3,7 % des levées de fonds, constatait Solenn Bocquillon en 2022 dans *Forbes*. La fondatrice de Soft Kids, qui a créé une appli pour aider les enfants à développer leurs compétences d'adaptation, a notamment fait le choix du financement participatif pour se développer.

« Je me souviens avoir dû défendre sans succès devant des investisseurs à la City notre projet de collants “recyclables” grâce à une fibre révolutionnaire et brevetée », raconte de son côté Marie Bouhier, cofondatrice de Billi London. « On cumulait tous les défauts : deux femmes créant une start-up sur un segment de marché (les collants) qu'ils ne connaissaient pas et dont ils ne voyaient pas du tout le potentiel de croissance. » Après quatre ans de courageuses initiatives sur trois pays européens, d'ouvertures de corners dans les grands magasins et de collections en ligne, sa start-up Billi London qui avait lancé une unité de fabrication en Italie a dû fermer fin 2022.

6. Indice entrepreneurial de BpiFrance, mars 2022..

## DES ÉVOLUTIONS POSITIVES

### Une charte, des fonds dédiés et des clubs d'investisseuses

Depuis peu, apparaissent de vrais signes de changement encourageants provenant à la fois d'initiatives publiques (Chambres de commerce et d'artisanat, antennes de BpiFrance et de la Caisse des dépôts et consignations), mais aussi privées. Femmes de Territoires (FDT), par exemple, le réseau fondé par Marie Eloy qui a ouvert une nouvelle plateforme collaborative 2.0 en avril 2023, est l'un des plus actifs : il apporte une aide concrète aux entrepreneuses en herbe, les encourage, les aide à se structurer, à se développer. Se sont aussi créés des incubateurs explicitement dédiés à l'entrepreneuriat féminin : Willa, SISTA, Les Premières, etc. La plupart des grands acteurs du marché qui accompagnent les start-up ont fait éclore des départements ou des programmes spécifiquement pour les femmes, comme Paris & Co ou Station F. Des acteurs privés s'impliquent également pour faire bouger les lignes et apporter une contribution directe, comme le fondateur de Criteo, Jean Baptiste Rudelle, avec son programme Alpha dédié aux femmes. Les grandes banques leur réservent des espaces, des conseils et des prêts dédiés : BNP Paribas, Crédit Agricole, Société Générale…

Motivés et militants, des clubs d'investisseuses se sont créés impliquant des femmes, surtout lors de la phrase d'amorçage (ou *seed*, le premier niveau d'investissement). Le plus ancien, Femmes Business Angels, réunit ainsi cent soixante-dix investisseuses et privilégie depuis vingt ans les projets à impact. D'autres se lancent en parallèle, comme ces deux jeunes financières, Louise Bousquet et Clémence Lejeune, qui créent en 2021 Leia, un fonds de *business angels* entièrement féminin. Elles ont déjà levé avec trente investisseuses un million d'euros pour des start-up lancées par des femmes, ou dont le capital est détenu au moins à 30 % par une femme.

Dans la foulée, des fonds, exprimant clairement le choix d'investir dans des sociétés portées par femmes, ont vu le jour. Ils sont souvent adossés à des clubs d'entrepreneurs à succès qui réinvestissent leurs gains sur des jeunes pousses. En 2021, deux cent trente-et-une levées avaient été financées par les cofondateurs de cinquante-trois scale-up. Une sorte d'économie circulaire…

Ces entrepreneurs à succès, devenus eux-mêmes investisseurs, sont toutefois conscients du risque de privilégier des profils semblables aux leurs et mettent des garde-fous pour introduire plus de diversité dans leurs choix. C'est notamment le cas du fonds Galion, un vaste collectif d'entrepreneurs qui espère levé quatre-vingt millions d'euros d'ici fin 2024, de 50 Partners engagé dans l'amorçage et le digital, ou encore du fonds Raise. De nouveaux fonds d'amorçage comme KIMA Ventures fondé par Xavier Niel, Go Capital ou Founders Future s'inscrivent dans cette lignée et figuraient dès 2020 dans le top 5 du baromètre Eldorado en faveur des créatrices de start-up.

Visibles et sans complexe, des fonds de capital-risque lancés par des femmes (Future Positive Capital, Makesense Seed I…) se sont également créés en France depuis quelques années à l'instar du mouvement déjà lancé aux États-Unis. À la tête de la société de gestion Gaiai Partners (devenue Reveia), Alice Albizzati et Elina Berrebi ont réalisé la plus grosse levée en Europe jamais réalisée par des femmes en septembre 2021, en bouclant un tour de table à deux cent cinquante millions d'euros. Les deux jeunes financières font cependant figure de pionnières dans un paysage européen où les exemples se multiplient doucement, comme Marie Ekeland avec son nouveau fonds 2050, qui veut lever entre cent et cent cinquante millions d'euros par an. On est encore loin des locomotives qui tirent le marché de l'investissement à l'étranger. Aux États-Unis, Mary Meeker, à la tête de sa société de gestion Bond, a bouclé en 2021 deux fonds pour un total de 3,3 milliards de dollars.

De leur côté, les groupes de *private equity* – capital investissement – tels qu'Eurazeo[7] ou des banques elles-mêmes (BpiFrance bien sûr, les réseaux de la BPCE, mais aussi le Crédit Agricole[8] et BNP Paribas[9]) ont également fait évoluer leurs critères d'investissements pour favoriser les fondatrices de start-up, en mettant en place des programmes d'accompagnements spécifiques et des appels à projets dédiés.

**Les codes changent, les sources de financement aussi !**

La montée en puissance des *corporate venture capital* (CVC) liées à des groupes industriels ou de Tech vient bousculer les codes et critères de financement des jeunes pousses, ce qui pourrait favoriser les start-up de la Tech ou « à impact » chères aux fondatrices actuelles. Moins sensibles que de simples VC (*venture capital*) aux seuls retours sur investissements, elles sont plus attachées à d'autres types de création de valeur et aux synergies commerciales ou technologiques avec la start-up. Dans le top 5 du baromètre Eldorado, en date de 2019, figuraient ainsi BpiFrance, le Crédit Agricole (Ile-et-Vilaine), mais aussi KIMA Venture, Go Capital et Founders Future.

Cependant, en octobre 2019, une initiative radicale bousculait les codes de financement pour les start-up du digital. Aux côtés du Conseil national du numérique, cinquante-six fonds d'investissement se mobilisaient sur l'impulsion du collectif de femmes SISTA pour générer plus d'égalité dans le monde entrepreneurial lié au digital.

7. Signataire de la charte SISTA pour contribuer à faciliter et à accélérer le financement de start-up créées par des femmes, le fonds Eurazeo participe également au mouvement *#TechYourPlace* qui encourage un recrutement plus diversifié dans les start-up de la Tech. En 2022, France Invest a décerné à Eurazeo le Grand prix de la société de gestion menant la politique la plus active en matière de mixité dans les équipes d'investissements.
8. L'accélérateur de start-up Le Village by CA fondé par le Crédit Agricole lance régulièrement des appels à candidatures exclusivement dédiés aux femmes entrepreneuses, généralement en partenariat avec des groupes de la Tech comme Microsoft, SAP et Capgemini.
9. Pour lever les freins à l'entrepreneuriat féminin (stéréotypes, manque de confiance, faiblesse de leurs réseaux…), BNP Paribas a lancé le programme *#ConnectHers*, destiné à faciliter l'éclosion de projets au féminin et à accélérer le développement de PME et ETI portées par des femmes. Le dispositif comporte plusieurs axes, qui vont du financement (prêts cautionnés avec le fonds de garantie à l'initiative des femmes – FGIF) au tutorat (ateliers pédagogiques, assistance de référents BNP Paribas).

« Nous avons pour objectif de faire émerger une génération de leaders diversifiés en réduisant les inégalités de financement entre les femmes et les hommes entrepreneurs », lançaient Tatiana Jama (fondatrice du Selectionnist) et Céline Lazorthes (créatrice de Leetchi et Mango Pay), toutes deux à l'origine du réseau. En signant la charte SISTA composée de dix mesures concrètes, ces fonds se sont engagés sur un objectif chiffré de 25 % de start-up financées en 2025 fondées ou cofondées par des femmes, 30 % en 2030, 50 % en 2050. Cela peut sembler des objectifs lointains mais l'engagement est là et il est politique. Rejoint par France Invest en 2002, le mouvement a rassemblé depuis deux cent cinquante-cinq sociétés de capital-risque signataires, soit 80 % des adhérents de France Invest. Dans la foulée, le collectif de Tatiana Jama et Céline Lazorthes a lancé le fonds SISTA en 2022 aux côtés de l'accélérateur 50 Partners, pour lever cent millions d'euros en faveur des start-up créées par des femmes ou des équipes mixtes.

L'initiative fait tache d'huile. Elle s'étend aujourd'hui jusqu'à la gouvernance des jeunes pousses, afin d'y inclure plus de mixité. Pour la première fois en 2022, la French Tech qui sert de référence, a demandé aux start-up candidates à sa sélection des critères liés à la parité, à l'inclusion et à la transition écologique. Toutefois, la volonté de renverser la balance reste encore timide : seules 22 % de femmes occupent en 2022 des postes de direction dans les start-up du French Tech 120 et 18 % dans le French Tech Next 40.

## L'attrait des projets à impact, une opportunité pour les femmes

Avec la loi Pacte et les évolutions du *green deal* européen, l'environnement économique et social évolue et devient sensible à la tension énergétique et écologique. La French Tech – et avec elle investisseurs et labels – introduit dès lors des critères liés à l'environnement, à l'innovation de rupture ou encore à l'impact social des entreprises. Ils ouvrent ainsi le champ à des start-up « à mission » où les femmes se révèlent plus nombreuses. La dernière étude de Femmes Business Angels souligne par exemple une tendance de fond à investir davantage en 2022 dans les entreprises à impact et exprime la conviction que les femmes investisseuses pourraient devenir les *game changers* (influenceuses) d'une économie plus durable.

Fanny Picard, créatrice en 2007 du premier fonds d'investissement à impact en France, Alter Equity, en est le fer de lance. Elle est convaincue que la finance responsable peut façonner la société. Elle a ainsi construit un référentiel avec une centaine de critères pour une charte. Le premier principe est l'égalité des chances. « Mon combat n'est pas la parité, c'est la finance responsable qui l'englobe. Ce n'est pas la diversité qui va conditionner un investissement au départ, mais c'est l'engagement sur ce chemin qui fera la différence à terme, y compris en termes de performance », nous confiait-elle en novembre 2022. Sur son premier fonds, quatre des douze start-up financées étaient dirigées par des femmes, soit un tiers (au-dessus de la moyenne nationale).

## À l'assaut de nouveaux secteurs

Aujourd'hui les lignes bougent et l'écart constaté se resserre dans les choix « genrés » de secteurs. Ainsi, en 2018, BpiFrance notait que la part des hommes était plus élevée dans la construction (98 %), les transports et l'entreposage (94 %), dans l'information et la communication (77 %). À l'opposé, les femmes étaient majoritaires dans la santé humaine et l'action sociale (75 %), les autres services aux ménages (70 %), l'industrie (52 %) et l'enseignement (50 %). Trois ans plus tard, les clivages sectoriels s'estompent doucement. Les femmes commencent à s'attaquer à des secteurs où elles ont potentiellement moins d'expérience et où les hommes sont majoritaires.

Les dernières promotions de la French Tech montrent que les créatrices de start-up investissent le monde de la finance, les secteurs de la data et de l'intelligence artificielle (DeepTech), de l'immobilier (PropTech), de la BioTech et de l'agriculture (AgriTech). Tout récemment, elles ont fait leur apparition dans l'industrie qui nécessite des financements sur le long terme pour implanter des usines. C'est le cas d'Aude Guo notamment avec Innovafeed (cf. chapitre 2).

À elles seules, la santé et la BioTech, qui font l'objet de nombreux écosystèmes et incubateurs particuliers en France, restent cependant parmi les plus attirants pour de nombreuses entrepreneuses. Il serait impossible de parler de toutes nos belles rencontres. Toutefois, nous voudrions citer l'exemple d'Alexia Pérouse, cofondatrice d'un start-up studio iBioNext, un creuset pour de jeunes pousses sur des technologies de rupture en santé et également créatrice d'un fonds de capital-risque associé. Nous avons aussi été impressionnés par le Dr. Pascale Karila-Cohen, créatrice de DocnDoc, une plateforme d'échanges et de recrutement de médecins remplaçants ou de candidats pour pallier les déserts médicaux. Fondatrice de la start-up Phagos, Adèle James travaille, elle, à une solution alternative pour lutter contre la résistance aux antibiotiques, à partir du prédateur naturel des bactéries, un bactériophage. Elle a le soutien du Génopole, un campus unique dédié à l'innovation en biotechnologies et à l'excellence scientifique où se concentrent entreprises et laboratoires de recherche pour des collaborations optimales.

La mue de ces écosystèmes innovants et la formation de nouveaux cycles, incluant plus de parité, sont très rapides. Le classement 2022 de la French Tech[10] voyait ainsi l'arrivée de sept start-up industrielles, dix dans la transition écologique et huit dans la DeepTech, avec une présence accrue des femmes dans ces domaines : soit en tant que fondatrices, soit plus impliquées dans les équipes techniques ou de support. Cette percée spectaculaire permet d'espérer une reconnaissance plus importante des femmes dans les solutions

10. Selon le classement 2022 de la French Tech, on retrouve au sein du French Tech Next 40 : dix start-up dans la transition écologique, dont sept nouvelles (EcoVadis, Electra, Flying Whales, Innovafeed, NW Storm, Verkor, ZePlug), sept start-up industrielles et huit dans la DeepTech dont trois nouvelles (Flying Whales, Innovafeed, Verkor). Au-delà du Next 40, cette tendance se prolonge dans la nouvelle sélection du French Tech 120 avec les entrées de Deepki, ITEN, Qair, Sweep sur le volet de la transition écologique et de Prophesee sur le volet DeepTech.

qui façonneront le monde de demain. La tendance au resserrement des écarts femmes-hommes en matière d'entrepreneuriat soulignée par BpiFrance (indice entrepreneurial 2021) reflète une dynamique portée par des entrepreneuses jeunes, conscientes des problématiques sociétales et des nouveaux enjeux des transitions climatiques ou énergétiques.

Se profile ainsi pour ces pionnières un double défi : sans aller jusqu'à la caricature, il s'agit pour elles, d'une part, de continuer à démontrer que les secteurs jugés féminins (services, distribution, cosmétiques, social, RH) peuvent aussi être porteurs de solutions disruptives et performantes et, d'autre part, d'investir sans complexe des secteurs jugés masculins. Ces créatrices d'une nouvelle génération ont généralement pour atout une culture de l'innovation et de la créativité. Elles sont capables d'expérimenter pour accéder à de nouveaux marchés et de prendre des risques pour développer de nouveaux produits ou des services révolutionnaires. Leur(s) start-up ont généralement une compréhension approfondie de leur marché cible et savent s'entourer de personnes talentueuses.

Visionnaires, elles sont donc nombreuses à cumuler des succès remarquables. Cela est d'abord vrai dans les secteurs traditionnellement investis par les femmes, où les exemples sont foison. Pour donner une idée des champs d'action, c'est le cas des récentes réussites de Vestiaire Collective, créée par deux fondatrices (Fanny Moizant et Sophie Hersan), qui démocratise l'achat de seconde main, de Too Good to Go, la plateforme contre le gaspillage créée par Lucie Basch, ou de Fleurs d'ici, l'entreprise d'Hortense Harang et de Chloé Rossignol qui relocalise le marché floral. Dans de nouveaux secteurs, plus disruptifs encore, on voit également des entrepreneuses qui se taillent de très belles réussites. Avec sa start-up Front, lancée en Californie pour réinventer les mails et la messagerie électronique, la Française Mathilde Collin a levé à 32 ans plus de soixante-cinq millions de dollars en 2022. Mais les start-up plus innovantes ne sont pas forcément les plus visibles ou celles directement en lien avec le grand public. C'est le cas de Zéphyre qui installe depuis 2017 des bornes de recharge pour les voitures électriques, de Sweep une plateforme dédiée à la réduction des émissions carbone par les entreprises, cofondée en 2020 par Rachel Delacour, ou encore de Tissium, cofondé par Maria Pereira qui révolutionne avec des polymères la reconstruction tissulaire pour la chirurgie réparatrice. Et puis, ultime frontière, les femmes investissent à leur tour le monde de la finance. C'est le cas de Caroline Ramade, cofondatrice de 50 Women in Tech, de Clara Gaymard dans Raise, ou de Vera Baker associée chez Unconventional Ventures, un fonds danois dédié à l'écosystème Tech européen.

L'élan est donné. Mais le chemin avant une parité totale reste long ! Nous avons ainsi listé quelques pistes pour poursuivre la réflexion.

## EN RÉSUMÉ, QUELQUES PISTES DE SOLUTIONS

Toute cette effervescence devait porter ses fruits, mais reste en deçà des besoins réels pour favoriser l'entrepreneuriat au féminin. Comment aider davantage les talents féminins et améliorer leur accès au financement ? Comment quitter une bipolarisation installée qui ne cesse de comparer les femmes et les hommes au risque de dévaloriser celles qui souhaitent entreprendre ?

De l'incubateur à la plateforme collaborative, petit tour d'horizon – non exhaustif – de ce qui peut exister.

- *Encourager les filles à choisir les mathématiques et les sciences, les initier à l'entrepreneuriat dès le plus jeune âge.* Exemples : créé en 2007, le programme Jeunes Talents France L'Oréal-Unesco pour les femmes et la science soutient l'implication de jeunes femmes dans la recherche scientifique. La fondation Femmes@Numérique soutient quant à elle de nombreux projets comme récemment E-mma, émanant d'Epitech, qui œuvre notamment pour la formation des jeunes filles sur ses quinze campus en France. Citons encore l'entreprise sociale et solidaire Simplon qui forme des femmes au numérique.

Les associations spécialisées comme Women in Technologies sont, elles aussi, à l'origine de nombreuses initiatives.

* *Décrocher la garantie égalité femmes, une aide d'État pour accéder au crédit bancaire.* Cette garantie (soutenue par France Active dans chaque région) permet aux créatrices d'entreprise, ou aux femmes qui reprennent une entreprise, d'accéder au crédit facilement, quels que soient la forme juridique de l'entreprise et le secteur d'activité. Elle couvre jusqu'à 80 % du montant du prêt et peut atteindre cinquante mille euros.
* *Se lancer avec le soutien des collectifs de femmes.* Ils sont nombreux pour encourager les femmes à créer leur entreprise ! SISTA ou Premières pour défendre l'accès au financement, le réseau Femmes des Territoires ou Willa, un incubateur spécialiste de l'entrepreneuriat féminin, etc.
* *S'associer comme cofondatrice.* C'est l'une des vocations de 42Ambassadrices, association issue de l'École 42. C'est aussi celle de 50inTech, une plateforme de mise en relation et d'accélération.
* *Répondre aux concours dédiés aux femmes entrepreneuses.* À la clé : un accompagnement, une présence dans les médias et/ou un financement. Ils sont très nombreux : le tremplin Startups au féminin des Assises de la Parité (IWF), L-Impact, Vivatech, Créatrices d'Avenir, Les Audacieuses, Femmes Entrepreneuses d'Orange, Willa Possible, Women Start, Femmes Entrepreneurs du Village by CA…
* *Promouvoir les succès et les initiatives.* De nombreux médias ou blogs se sont emparés du sujet : de *Business O Féminin* à *Women Who Do Stuff* ou *Visible Media*, en passant par *FrenchWeb*, *La Tribune* ou *Les Échos Starts*. D'autres, comme *StartHer*, une association engagée pour l'inclusion et la mixité, mettent en valeur les succès des femmes dans l'entrepreneuriat à travers des événements et des rencontres avec des cheffes d'entreprise.

# 2

# 16 portraits de start-uppeuses inspirantes (et leurs conseils)

## NOS CHOIX DE PORTRAITS

Les initiatives et les mesures prises ces dernières années en faveur de la création d'entreprise ont permis de voir exploser le nombre des nouvelles structures en France (un million en 2021 et 2022 selon l'Insee). Sans hésiter, les femmes se sont saisies de cette vague pour prendre leur autonomie ! Le phénomène a ainsi vu surgir des profils très différents parmi ces fondatrices d'entreprises, avec des origines sociales et des niveaux de diplômes très variés. Mais si elles créent de plus en plus d'entreprises, elles privilégient les aventures individuelles (43 % pour les micro-entreprises et 55 % pour les entreprises individuelles). Loin du flot de créations, le nombre de « vraies » start-up, innovantes, souvent technologiques et promises à une forte croissance, publié en 2021 par l'Insee se réduit en réalité à vingt mille entreprises. Et lorsqu'elles se lancent dans l'aventure, les femmes ne sont plus que 21 % en 2022 seules ou dans une équipe fondatrice mixte. Et beaucoup vont s'autofinancer. En revanche, elles présentent des profils plus formatés et homogènes que nous ne l'imaginions pour réussir à accélérer et à lever des premiers fonds en *seed*, a fortiori en séries A, B ou C (les niveaux à partir de deux millions d'euros). Du moins pour la plupart. Ces femmes qui ont suivi un cursus dans une grande école (de commerce ou d'ingénieurs) connaissent les codes de l'entreprise de l'intérieur, maîtrisent les études de marché et les modes de financement, ont un réseau solide au départ.

Bien sûr, ce n'est pas le cas de toutes : nous avons voulu tenir compte de cet état de fait dans nos choix de portraits, tout en faisant la part à celles qui n'ont pour bagages que leur confiance en elles et une intuition forte sur un projet souvent disruptif ! Toutes ont en commun le courage, leur capacité à choisir les bons associés et à s'entourer, et une vision qui fait alors la différence. Nous avons conçu leurs portraits comme des témoignages vivants et pragmatiques pour celles qui voudraient se lancer dans l'aventure.

Leurs expériences et leurs clés pour surmonter les obstacles sont des inspirations fortes. Dans la troisième partie, notre enquête nous a conduits à rassembler les pistes, les réseaux, les conseils, pour aller plus vite. Nous avons rencontré des dizaines de fondatrices de start-up. Le panel que nous proposons est hautement subjectif, même si nous avons voulu mixer les profils en fonction des âges, des origines sociales, des types d'études, des secteurs choisis, des localisations, des maturités des sociétés. Nous avons le regret de ne pas avoir pu présenter tous les témoignages recueillis mais toutes ont contribué à notre réflexion. Nous espérons que ce livre participera à une meilleure connaissance des motivations, des obstacles, des facteurs de leurs échecs ou de leurs réussites.

## Inventer la nourriture de demain

### Alexia Rey, NeoFarm (AgriTech)

En 2018, Alexia Rey a créé l'entreprise NeoFarm avec son associé Olivier Le Blainvaux. Après plusieurs années de recherche et développement, ils commencent désormais à essaimer le modèle façonné à partir de leurs trois premières fermes en France. Et, bien sûr, pas n'importe lesquelles : des microfermes maraîchères, agroécologiques, innovantes et attractives économiquement. Des formules souples imaginées par leur start-up qu'ils déploient en réseau. Face aux enjeux actuels de l'agriculture et en particulier du changement climatique, ils proposent de produire durablement et localement, avec des technologies adaptées à de nouvelles pratiques.

Égarés en agriculture ? C'est l'impression que pourraient donner Alexia Rey, diplômée d'un master en Finance et Stratégie de Sciences Po Paris, et son associé, Olivier Le Blainvaux, ingénieur polytechnicien. Écologistes convaincus, loin d'être idéalistes, ils développent en réalité depuis cinq ans un nouveau modèle d'agriculture biologique, avec un grand sens pratique et économique. Les fermes maraîchères développées par NeoFarm sont ainsi implantées sur de petites surfaces, proches des villes et bénéficient de technologies de robotisation automatisées et collaboratives pour améliorer la rentabilité, réduire la pénibilité et redonner de l'attractivité au secteur. Les deux pieds bien ancrés sur terre, les deux jeunes trentenaires veulent désormais proposer leur modèle en série et l'essaimer partout en France. Ils visent aujourd'hui plusieurs dizaines de fermes installées dans les prochaines années à un niveau national.

### ✶ 1er conseil : se former

À 33 ans, Alexia Rey a opéré un virage à 180 degrés. Comme bien d'autres de sa génération, elle a une conscience aiguë du changement climatique et du rôle clé que l'agriculture doit jouer dans la réponse aux défis actuels. « Le secteur [de l'agriculture] émet 20 % des émissions de gaz à effet de serre en France et il est lui-même très impacté par les conséquences, dit-elle. J'ai eu envie d'agir, en utilisant mes précédentes expériences dans l'économie sociale et solidaire, dans la finance responsable ainsi que dans l'entrepreneuriat. » Étudiante à Sciences Po, elle crée déjà à l'époque une association pour distribuer des paniers bios. C'est le premier déclic. À sa façon, elle veut contribuer à une agriculture respectueuse de l'environnement, moins intensive, locale, qui sache tirer le meilleur parti des technologies, mais aussi équitable pour ceux qui en font leur métier. Sacré pari ! Végétarienne, elle choisit tout naturellement un projet dans la production de légumes… Une filière où la France importe encore la moitié des produits consommés et où la pénibilité reste importante.

Alexia Rey ne laisse rien au hasard et prépare minutieusement son entrée dans l'entrepreneuriat. Elle quitte en 2017 le monde du conseil et de la finance pour aller planter ses choux ailleurs. Elle décroche alors un brevet de responsable d'exploitation agricole (BREA) en maraîchage bio. Loin de ses bases, c'est pour elle un premier pas important et initiatique. « Cela me paraissait une évidence de me former pour me lancer. C'est un secteur où il y a beaucoup de solidarité, découvre-t-elle. On peut poser des questions, se renseigner, confronter ses idées. Cela aide beaucoup, en cas de difficultés, pour trouver des solutions pragmatiques. »

### ✶ 2e conseil : s'appuyer sur un start-up studio exigeant et y trouver ses partenaires

En parallèle, elle croise ses futurs partenaires technologiques et financiers, au sein du start-up studio de TechnoFounders qu'elle a intégré. Créé par trois entrepreneurs engagés, le studio n'est pas tout à fait un ovni dans le monde des start-up, mais il reste très sélectif et ambitieux. TechnoFounders est à la fois un incubateur, un véhicule financier et un laboratoire de recherches, mixant des expertises diverses sur des sujets de santé, d'agriculture et de chimie verte. Un univers effervescent où la technologie et l'IA doivent soutenir les projets à impact.

C'est là qu'Alexia Rey rencontre son futur associé, Olivier Le Blainvaux, cofondateur du studio. Ils ont des profils complémentaires, pas d'expérience agricole, mais misent sur leurs atouts principaux : un regard ouvert et une approche novatrice pour aborder le sujet complexe de l'alimentation de demain.

Au sein du studio, le tandem peaufine son projet et crée NeoFarm dans la foulée, avec un objectif fort dès le départ. « Nous voulions avoir un impact sur les modes de consommation des citoyens, plus responsables, tout en aidant les territoires à se doter d'une plus grande autonomie alimentaire. En clair, le challenge était de permettre aux agriculteurs de diversifier leurs activités, pour des exploitations plus résilientes », résume Alexia Rey. Ils choisissent de cultiver des légumes sains, à proximité des centres urbains pour une production et une distribution locales plus vertueuses. « L'accompagnement de TechnoFounders nous a permis de nous concentrer sur l'essentiel pour construire le projet, l'améliorer et attirer les bonnes ressources à chaque étape. »

### * 3e conseil : choisir un projet innovant en adéquation avec ses valeurs

Le choix de NeoFarm fut d'abord l'agroécologie : un modèle de culture sur de petites parcelles, entre deux et dix hectares, avec un minimum d'énergies fossiles et d'intrants (éléments rajoutés dans le sol pour un meilleur rendement). « Du bio plus que bio », selon la jeune entrepreneuse, devenue CEO (directrice). « L'agroécologie repose sur un équilibre entre les cultures et les écosystèmes naturels : c'est un modèle d'agriculture très productif sur de petites surfaces », explique-t-elle. Pour ajouter à la viabilité de cette agriculture « archi-bio », les fondateurs de la start-up y introduisent le meilleur du futur, la robotique et l'automatisation, le second pilier de leur modèle. La technologie doit en effet permettre de suivre les cycles de production et de superviser les tâches culturales tout en réduisant la pénibilité du travail des maraîchers.

Au printemps 2018, Alexia Rey et Olivier Le Blainvaux implantent leur première serre pilote à Saint-Nom-La-Bretèche dans les Yvelines, avec plusieurs innovations. Ils testent notamment la première version de leur portique automatisé suspendu, équipé de capteurs et d'outils maraîchers. Placé au-dessus des cultures, il peut réaliser différentes actions comme la préparation du sol, le désherbage ou la mise en culture. Un gain de temps significatif pour le maraîcher sur des tâches longues et pénibles. « C'est l'un des principaux problèmes aujourd'hui et l'une des raisons pour laquelle les jeunes désertent le secteur. » L'agriculture manque de bras et NeoFarm veut contribuer à assurer la relève en attirant les jeunes générations.

### ✶ 4e conseil : miser sur la technologie

« Être agriculteur, c'est faire vingt métiers en même temps ! », a appris la jeune entrepreneuse. NeoFarm a donc aussi introduit un logiciel de gestion de l'activité maraîchère pour réaliser un suivi calibré de l'exploitation. De l'état d'une plantation aux prévisions météo, en passant par une invasion de pucerons, une application permet de suivre l'évolution des cultures et de planifier les différentes tâches de l'exploitation. Grâce à ce système, le maraîcher peut centraliser toutes les informations de l'activité de sa ferme et bénéficier d'une aide à la décision. « Nous avons à cœur de concevoir un modèle à la fois respectueux de la planète et de la santé humaine, mais nous le voulons aussi attractif pour ceux qui en font leur métier », martèle Alexia Rey, convaincue de la menace qui plane sur un secteur réputé difficile. Elle rappelle volontiers que « seul 1 % de la population y travaille et la moitié des agriculteurs partiront à la retraite d'ici 2030 ».

Après une ferme pilote en 2021, la start-up a ouvert quatre sites supplémentaires l'année suivante, chacun exemplaire des options de développement possibles et de la mise à l'échelle du modèle. En effet, tous présentent des rendements deux fois supérieurs au maraîchage classique. NeoFarm compte ainsi les répliquer ailleurs et s'en sert de vitrine. « Nos fermes comportent différentes zones d'exploitation (avec des jardins sous serre ou en plein champ) qui sont entourées d'une grande biodiversité : des mares, des haies fleuries, ou des haies bocagères », explique Alexia Rey. Cette biodiversité ambiante offre le gîte et le couvert aux meilleurs auxiliaires de culture qui soient, les insectes et animaux qui remplacent herbicides et pesticides.

**⁎ 5e conseil : diversifier son modèle pour mieux le répliquer**

Dès 2019, la start-up inaugure un premier partenariat avec Châteauform', un acteur du tourisme d'affaires qui propose des sites de séminaires en pleine nature. Les légumes cultivés sur place sont cuisinés dans leur restaurant. En 2020, NeoFarm lance dans les Yvelines sa ferme pilote de deux hectares qui compte des surfaces en plein champ, des serres, un verger maraîcher et de nombreuses zones de biodiversité. Puis elle initie un partenariat avec une première ferme cliente, à Garancières-en-Beauce, dans l'Eure-et-Loir, avec de jeunes agriculteurs souhaitant se diversifier et distribuer localement des légumes bios, tout en bénéficiant d'un revenu supplémentaire. Enfin, NeoFarm a également choisi d'être associé à une commune, Lagny-sur-Sec, au cœur du pays de Valois, et de s'inscrire dans son projet alimentaire territorial (PAT) pour y implanter une exploitation maraîchère.

Ce réseau de plusieurs fermes sert de vitrine à l'ambitieuse start-up. « Nous faisons le maximum pour faciliter le travail de nos partenaires en fonction de leur situation. Certains sont déjà installés et souhaitent se diversifier ou se convertir à l'agroécologie, tandis que d'autres partent de zéro. » À chaque fois, NeoFarm assure la conception et l'installation des infrastructures nécessaires à la ferme, avec un design adapté à la parcelle. Elle apporte la solution technologique et accompagne les exploitants dans les opérations quotidiennes. Elle recrute les équipes, les forme et apporte son soutien aux activités, à chaque étape du projet : conseil agricole, distribution en circuits de proximité, vente directe à la ferme, gestion administrative… L'exploitation de la ferme est gérée par l'équipe maraîchère sur place et supervisée par l'équipe centrale de NeoFarm qui propose ainsi un modèle performant et réplicable.

**⁎ 6e conseil : voir grand, multiplier le nombre de fermes**

Les légumes des différentes fermes du réseau NeoFarm sont distribués localement, à proximité du lieu de production, auprès d'enseignes bios comme Naturalia, La Vie Claire, Biocoop ou La Ruche qui dit oui ! Dès 2022, la start-up lance la vente directe à la ferme. Mais elle envisage dans les prochaines années, au fur et à mesure que le nombre de fermes augmentera, de mutualiser les équipements et les compétences sur de petits groupes de microfermes pour réduire les coûts, augmenter les quantités de production et commercialiser ses produits auprès de la grande distribution ou de la restauration collective. Un objectif de performance. Car comme toute start-up de l'AgriTech, et malgré sa croissance rapide, l'entreprise n'est pas encore rentable. Elle mise sur le moyen et long termes pour installer son modèle multiple.

Couronnée de nombreux prix, soutenue par BpiFrance, la Région Ile-de-France, l'Ademe et le ministère de la Transition écologique, la start-up trace son chemin. Son déploiement rapide a nécessité plusieurs levées de fonds pour environ cinq millions d'euros depuis sa création auprès de TechnoFounders, de *business angels* et de *family offices*[1] principalement. Son passage à l'échelle a impliqué une trentaine de salariés aujourd'hui et a obligé Alexia Rey à être moins

1. Le *family office*, francisé en gestionnaire de fortune, est un organisme privé qui détient, supervise et contrôle le patrimoine d'une ou plusieurs familles.

souvent les mains dans la glaise. Son rôle est désormais davantage du côté des sujets stratégiques, du développement commercial et du management, ce qui inclut la préparation des dossiers de financement ou du recrutement. Une transition nécessaire. Alexia Rey rêve en effet d'un développement à grande échelle, en France, avec plusieurs dizaines de fermes, et pourquoi pas ensuite en Europe, avec un modèle à l'export.

## L'essentiel

- Répondre à l'urgence climatique avec un projet concret
- Miser sur la technologie pour apporter des solutions inédites
- Décliner plusieurs modèles à partir du projet initial pour viser le territoire national

# Miser sur le web pour démocratiser l'achat d'œuvres d'art

## Mathilde Le Roy, KAZoART (ArtTech)

En 2015, Mathilde Le Roy se lance, sans filet ou presque : elle inaugure à 37 ans la première place virtuelle de marché d'art en France. Une performance pour une vraie néophyte ! Elle est ainsi passée par toutes les étapes d'une start-uppeuse solo, un brin inconsciente, mais la foi chevillée au corps. Itinéraire d'une audacieuse.

« Si c'était à refaire, je ne me lancerais pas en solo », avoue Mathilde Le Roy. Sept ans après la création de son site KAZoART, et désormais installée à Bordeaux, elle est aujourd'hui ravie du succès de sa place de marché d'art virtuelle. Celle-ci figure en effet parmi le top 5 des galeries d'art en ligne à l'international (selon l'étude USB-Art Basel de 2021) grâce à une équipe d'experts engagés et passionnés. Si les débuts ont été difficiles, elle se dit très fière de contribuer à la découverte d'artistes émergents de qualité et à la mise en relation avec des clients qui n'avaient jamais eu accès à l'art auparavant.

« Le web est un vrai acteur de démocratisation : il a permis de bousculer le marché de l'art, longtemps fermé et inaccessible », explique Mathilde Le Roy. Petite-fille d'un collectionneur, elle a toujours été attirée par le monde de l'art, mais ce n'est qu'en 2015 qu'elle a l'idée d'ouvrir une plateforme en ligne s'adressant à tous les amateurs d'art, quel que soit leur budget, en proposant des œuvres originales à des prix raisonnables.

### ⋆ 1er conseil : préparer le terrain, s'informer, se former

Formée à l'ESSEC, après un passage au service marketing de TF1, elle s'engage pendant dix ans auprès des services de mécénat de l'Orchestre de Paris, puis de la Cité universitaire avant de diriger la fondation philanthropique Alpha Omega. « J'avais cette envie de créer, d'être utile, tout en étant autonome. Mais j'avais des doutes sur mes qualités d'entrepreneuse : serais-je capable d'y arriver ? ».

Elle travaille sur son projet tout en étant salariée avant de démissionner. Une étude de marché lui prouve qu'il y a de nombreux petits acteurs, mais peu de levées de fonds sur le marché de l'art digital. Et aucun site marchand en France. « Je me suis formée toute seule : en lisant des bios inspirantes, comme celles des fondateurs de Criteo ou de Prime Minister. En observant les sites en ligne de Saatchi Art aux États-Unis et d'ArtFinder au Royaume Uni... » Mathilde Le Roy avoue qu'elle aurait aimé s'associer, mais ses recherches n'ont pas abouti. « On est évidemment plus forts à deux. »

**⁎ 2e conseil : choisir un programme d'incubation adapté**

Commence alors un long parcours du combattant. « Je m'étais donnée 18 mois. » Au chômage, elle part dans un programme de « pré-incubation » de trois mois au sein de l'accélérateur Paris Pionnières – devenu Willa, un puissant déclencheur. « J'ai assisté à de nombreux ateliers, rencontré de nombreux intervenants, appris à faire du référencement dans l'univers du numérique. »

Autre écueil : « Je ne connaissais pas les mécanismes de financement », avoue cette ancienne de l'ESSEC. « Je ne suis pas de la génération des start-uppeuses. » Elle démarre alors avec ses économies, puis décroche un prêt d'honneur de vingt mille euros adossés à un prêt bancaire du même montant grâce au réseau Initiatives France dans les Hauts-de-Seine. Elle obtient également l'assurance d'un fonds de garantie pour les femmes. Sur sa lancée, elle est sélectionnée pour une bourse de la French Tech de cinquante mille euros[2], lui permettant d'engager un stagiaire, puis un développeur web – essentiel pour créer le site KAZoART.

---

2. Pour la bourse de la French Tech (Emergence) la procédure de candidature est la suivante : prendre contact et rencontrer un chargé d'affaires BpiFrance pour une présentation du projet d'innovation ; déposer un dossier de demande d'aide à la direction régionale dont on dépend via « Mon BpiFrance » en ligne. Les critères sont : être une jeune entreprise innovante, avoir moins d'un an d'existence, employer moins de cinquante personnes et réaliser un chiffre d'affaires ou un total bilan de moins de dix millions d'euros.

### ✶ 3$^{e}$ conseil : s'appuyer sur sa zone de confort pour en faire un accélérateur

Créée en février 2015, la jeune start-up inaugure son site un mois plus tard. Son nom, « KAZoART », est emprunté à un oiseau, le casoar. « Je rentrais d'Australie. C'était une évidence pour moi, cette idée d'oiseau rare », dit-elle. Avec pour objectif de démocratiser la vente d'art, sa plateforme KAZoART est conçue pour être pratique et didactique. Elle permet de sélectionner le type d'œuvres recherchées ainsi que la fourchette de prix désirée. De nombreuses catégories sont mises en avant comme la photographie contemporaine, le pop art, l'art abstrait, mais aussi l'art figuratif, la sculpture ou l'édition.

Au lancement de la plateforme, la plupart des artistes comme les clients potentiels étaient sceptiques, reconnaît Mathilde Le Roy. Pour démarrer, elle choisit donc de s'appuyer sur son expertise en communication et en marketing, sa « zone de confort ». Elle lance un blog et organise une campagne de messages par mailing et sur le web, uniquement en France, à destination d'un public prédéfini. Elle finance cette opération par une campagne de crowdfunding (financement participatif) de dix mille euros via un site dédié, My Major Company.

### ✶ 4$^{e}$ conseil : renforcer une équipe, étoffer son catalogue de produits

L'année suivante, en 2016, KAZoART a suffisamment de visibilité pour tenter une première levée de fonds de trois cent mille euros auprès de *business angels*, puis une seconde à la fin de 2017 d'un million d'euros auprès de fonds d'amorçage – ce qui permet à Mathilde Le Roy d'étoffer son équipe. En janvier 2018, KAZoART bouclera une nouvelle levée de fonds de huit cent mille euros pour se renforcer en France et prendre position à l'international, notamment sur les marchés britannique et allemand. Aujourd'hui, à l'équilibre, elle vit de ses propres revenus.

La profession de foi de Mathilde Le Roy reste toutefois la même, sept ans plus tard. Réunir des mondes qui s'ignorent. « Tout le monde n'a pas arpenté dès son plus jeune âge les musées ou les galeries. Pourtant, à un moment, on a tous besoin d'art pour se projeter ailleurs, pour faire rentrer de la poésie et de la légèreté dans son quotidien ! » Ses atouts maîtres ? Elle sert de caution pour les acheteurs amateurs et 80 % du catalogue est à moins de mille euros.

### ⁎ 5e conseil : soigner la relation avec ses partenaires, artistes et acheteurs

Avec mille deux cents artistes et plus de soixante mille créations en catalogue, KAZoART propose aujourd'hui un large éventail d'œuvres et de prix. Les jeunes artistes et la création contemporaine sont mis à l'honneur, le but de la plateforme étant de faire découvrir de nouveaux talents du marché de l'art contemporain et d'autres artistes que ceux habituellement représentés dans les galeries.

KAZoART privilégie ainsi la relation entre l'acheteur et l'artiste, avec lequel il peut échanger en direct, suivre sur le site et sur les réseaux sociaux : aucun stock, aucune boutique, aucun intermédiaire. Forte de sa réputation, la plateforme reçoit désormais chaque semaine plus de cent candidatures d'artistes et en sélectionne 10 % environ. Outre la non-cotation de l'artiste, les critères de sélection portent sur son savoir-faire et sa proposition artistique originale. En plus de la visibilité offerte aux œuvres, une équipe dédiée assure un accompagnement personnalisé et gratuit de chaque artiste. Elle met à leur disposition des tutoriels et un espace d'échanges en ligne pour partager conseils et bonnes pratiques. Elle assure leur promotion sur le web (blogs, réseaux sociaux…) mais aussi sur leurs expositions. Un véritable tremplin !

### ✶ 6e conseil : miser sur l'innovation et choisir un allié

Quand la crise liée au Covid a frappé la plupart des secteurs, KAZoART a au contraire surfé sur l'attrait du numérique durant cette période : le site a doublé ses ventes en 2020. Le marché de l'art en ligne pesait en 2021 plus de 12,6 milliards de dollars dans le monde, soit 25 % du marché global, quand il ne représentait que 9 % du marché en 2019. Car si l'art en ligne se développe aussi vite, c'est qu'il offre aussi une qualité de suivi particulière.

La plateforme soigne en effet la mise en valeur des artistes avec l'acquisition d'un trafic qualifié, l'optimisation des parcours d'achat et la fidélisation des amateurs. Une équipe dédiée accompagne les artistes dans leur promotion, de l'accueil des nouveaux talents à la sélection des œuvres, jusqu'aux conseils pour leur blog et les réseaux sociaux.

« À présent les galeries nous contactent pour travailler avec nous. Pour promouvoir leurs artistes ou promouvoir les nôtres. » Mathilde Le Roy se réjouit de voir de nombreux artistes découverts par KAZoART entamer aujourd'hui des carrières internationales. Mais la fondatrice du site ne s'arrête pas là. Depuis deux ans, KAZoART a suivi la vague d'engouement pour les œuvres d'art virtuelles, les fameuses NFT (*Non-Fungible Token*, en français : « jetons non fongibles »). Leur caractéristique est liée à la manière d'authentifier une œuvre numérique comme un objet d'art unique, traçable et non falsifiable, grâce à la blockchain (une technologie de stockage et de transmission d'informations, transparente et sécurisée). Il peut s'agir d'une œuvre purement virtuelle ou du jumeau numérique d'un objet d'art physique. Leur popularité croît à une vitesse exponentielle.

En avril 2021, KAZoART lançait ainsi sa première vente aux enchères de NFT à l'échelle mondiale, avec les œuvres originales digitalisées de cinq artistes français. Elle inaugurait la formule en partenariat avec la plateforme américaine OpenSea.io, aujourd'hui l'un des principaux acteurs de ce marché en pleine effervescence.

Depuis, la plateforme de Mathilde Le Roy a lancé sa galerie NFT en exclusivité, avec une collection en propre de cent soixante-dix objets d'art virtuels réalisés par une sélection de vingt artistes, toujours sur la plateforme OpenSea.io. Une innovation qui permet à l'entrepreneuse de poursuivre dans le Métavers son engagement en faveur de l'art.

## L'essentiel

- Choisir un modèle inédit pour démocratiser la culture
- Bâtir des relations commerciales solides
- Nouer un partenariat à l'international plutôt que de lever des fonds

# « Faire confiance à son instinct et foncer »

## Maïlys Cantzler,Homnia et Crèche Attitude (CareTech)

Maïlys Cantzler n'est pas seulement une rare « *serial entrepreneuse* » qui multiplie les projets. L'ancienne élève d'HEC transforme ses entreprises en succès remarquables, tout en innovant dans un des domaines les plus difficiles, l'économie sociale. Pionnière, elle crée en 2003 l'un des tout premiers réseaux de crèches privées en France. Dix ans plus tard, en 2014, suivant son instinct, elle imagine un habitat inclusif pour des handicapés adultes : un lieu de vie baptisé « Le Club des Six ». Accompagné par le groupement solidaire Homnia, il a été répliqué partout en France. Avec un mélange de pragmatisme, d'intuition, de totale implication, cette quadra franco-allemande réussit à concilier performance financière et impact social.

### * 1er conseil : tirer parti de ses échecs

« Je bosse beaucoup », dit sobrement Maïlys Cantzler, qui avoue dans un grand sourire « avoir un vrai plaisir à travailler » et à rebondir sur de nouveaux projets.

En stage en 1999 chez un opérateur Internet, AOL, elle décroche un CDI pour accompagner la première chaîne de shopping sur le web. L'e-commerce semble être un véritable Eldorado qui lui inspire sa première société, Arithmedia, pour analyser les comportements des consommateurs en ligne. Trop tôt. L'aventure des données est un flop avec l'éclatement de la bulle Internet. La société doit fermer deux ans plus tard et sera liquidée à l'amiable en 2002. « Une grande leçon. J'avais fait d'importantes levées de fonds et dépensé l'argent sans générer de chiffre d'affaires. » Sauvée de la faillite par un remboursement du crédit impôt-recherche, elle veillera à l'avenir à assurer ses arrières et à capitaliser.

Forte de cette expérience, Maïlys Cantzler décide de créer un cabinet conseil pour les sociétés en proie à des difficultés financières. Elle découvre ainsi que près de 90 % des crèches sont déficitaires, qu'elles soient publiques ou associatives. « Les directrices de crèches sont des puéricultrices ou des éducatrices pas du tout formées à la direction de PME qui comptent en moyenne quinze salariés. » Elle crée alors pour elles un service support, juste avant que, en avril 2003, un décret ouvre le secteur au privé. L'objectif ? Créer des dizaines de milliers de places supplémentaires. Un coup de chance. Maïlys Cantzler fonce dans la brèche, crée sa structure Crèche Attitude et lance pour la ville de Paris son premier établissement privé.

### * 2e conseil : connaître la réglementation et les enjeux de son secteur

Si le milieu de la petite enfance attire Maïlys Cantzler, l'entrepreneuse cherche à améliorer la situation globale et le confort des jeunes parents. Et elle sait tirer parti de l'évolution réglementaire du secteur. Exonération de TVA et crédit impôt-famille incitant les entreprises à soutenir la parentalité de leurs salariés : autant de conditions favorables qui vont l'aider à développer son activité. En dix ans, Crèche Attitude ouvre une centaine de structures en France, atteint quarante-cinq millions de chiffre d'affaires et emploie mille cinq cents collaborateurs pour cinq mille enfants. Sans la moindre levée de fonds, leçon retenue de son aventure précédente, elle financera les murs de ses crèches avec des prêts bancaires et des financements publics. « Avec une mise de quatre-vingt mille euros de fonds propres au départ par les trois associés, chaque euro investi devait permettre un bénéfice ou aider à parvenir à l'équilibre sans créer de pertes. » Au bout de dix ans, Crèche Attitude est devenue une entreprise lourde. Maïlys Cantzler préfère alors la céder à Sodexo en 2013 pour que le groupe prenne la relève sur son développement futur.

Pour la première fois, elle veut s'autoriser une pause pour mieux s'occuper de ses deux jeunes garçons. « J'ai toujours jonglé, travaillant tard après avoir couché les enfants, me levant tôt. Et je ne ratais pourtant jamais les évènements scolaires. » Cependant, elle est vite rattrapée par son histoire familiale : sa jeune sœur, cérébrolésée à la suite d'un accident de voiture à 18 ans, ne pourra pas indéfiniment vivre chez ses parents. « Sabrina ne voulait pas vivre en établissement et j'ai donc conçu pour elle un projet d'habitat inclusif. »

**✳ 3e conseil : voir grand, même dans l'économie sociale et solidaire**

Maïlys Cantzler imagine ainsi en 2013 un lieu de vie, un logement en milieu ordinaire sous forme de colocation, avec un service d'accompagnement permettant à sa sœur Sabrina de gagner en autonomie et de partager un espace avec d'autres, avec la logistique associée. Inauguré en 2014, ce logement inclusif est financé notamment par la vente de Crèche Attitude. La mairie de La Croix Valmer où habitent ses parents, adhère au projet et trouve le terrain pour construire un bâtiment : Le Club des Six sera au rez-de-chaussée et, à l'étage, des logements sociaux.

En mutualisant les services et les aides, Sabrina et ses cinq colocataires peuvent avoir un suivi 24 h/24, avec une mise en commun des services d'auxiliaires de vie, au lieu des six heures de prise en charge quotidienne prévue en moyenne à titre individuel. Le logement coûte quatre cent cinquante euros, auxquels s'ajoutent environ trois cent cinquante euros mensuels de nourriture, de chauffage et d'entretien, soit un budget de huit cents euros par mois que les colocataires financent grâce à l'allocation adulte handicapé.

« J'ai amené mon fils voir sa tante et visiter ce lieu : il a compris d'un coup tout le sens de mon travail. Depuis, il accepte mieux mes agendas chargés », dit fièrement la jeune entrepreneuse. Les progrès réalisés par sa sœur et ses colocataires, le bien-être qui résulte pour eux d'une vie sociale et d'un nouveau cadre sont évidents. « Être avec des gens de son âge a redonné à Sabrina l'envie de plaire, sourit Maïlys Cantzler. La première année de colocation, elle a perdu vingt kilos. Elle a retrouvé confiance en elle et gagné ensuite en mobilité et en autonomie. » Le Club des Six est un succès. Maïlys Cantzler se lance donc dans une aventure plus ambitieuse encore pour répliquer le lieu et l'expérience ailleurs. « J'ai dû reprendre mon bâton de pèlerin. »

**⁎ 4e conseil : accepter un projet dans toutes ses dimensions et aller jusqu'au bout**

Pour développer son projet, la jeune entrepreneuse sait que le foncier est une des clés. Elle fait alors le tour des communes pour réaliser de nouveaux bâtiments adaptés, obtient des terrains pour la création des logements sociaux et va jusqu'à créer une foncière dédiée (détenue par ses investisseurs). « Je n'ai pas eu le choix. Un projet comme La Croix Valmer c'est au total 800 $m^2$ pour Le Club des Six au rez-de-chaussée et neuf logements à l'étage. » Deux millions d'euros sont nécessaires dont un million en fonds propres.

Pour les autres projets, Maïlys Cantzler doit lever des fonds. Elle convainc en 2016 une célèbre société de gestion qui avait créé quelques années auparavant un fonds d'épargne « Finance et solidarité ». Depuis, le fonds dédié à l'ESS (économie sociale et solidaire) accompagne tous les développements d'Homnia aux côtés de la Banque des territoires qui les a rejoints.

Visionnaire, Homnia bénéficie ainsi dès le départ d'une très forte implication des financements publics qui ont décuplé en cinq ans sur ce type d'hébergement depuis 2017. Elle a ainsi pu ouvrir quatorze colocations dans dix départements français et une trentaine devrait ouvrir d'ici 2026. Avec les mêmes critères partout : chaque colocataire doit être coopté par les autres habitants en fonction de son caractère et de ses envies d'activité… Pour entrer dans un de ces lieux de vie, les règles de solidarité et de développement de l'autonomie doivent en effet pouvoir jouer en cohérence. Engagée au cœur de l'économie sociale et solidaire, son obsession continue de porter toujours sur les services associés et le bien-être des locataires. « Au sein des colocations, nous avons créé un studio tremplin pour ceux qui veulent se détacher, construire un projet de vie à l'extérieur du logement partagé. Ils passent par ce studio pour réapprendre l'autonomie et reprendre un projet de vie. »

Le Club des Six a été couronné de plusieurs prix. Il a notamment reçu le prix Mercure HEC (comme Crèche Attitude l'avait reçu dix ans auparavant) ou encore, début 2023, le prix de la Fondation du Crédit coopératif. Précurseur, le projet de Maïlys Cantzler répond en effet aux évolutions de la société française et aux souhaits d'une meilleure prise en compte des désirs des populations fragiles. Avec des critères souples – le libre choix de la personne, un habitat ordinaire et un projet de vie sociale –, l'habitat inclusif devient une alternative séduisante.

- **5e conseil : continuer d'exercer sa curiosité et faire profiter de son expérience**

À l'horizon de 2030, ces nouveaux modes de lieux de vie, les habitats inclusifs avec des loyers modérés devraient en effet, selon un rapport du Haut-Commissariat au Plan Février 2023, concerner cinquante mille personnes handicapées et cent mille personnes vieillissantes en perte d'autonomie. Vivre en collectif apporte solidarité et liberté et l'habitat inclusif a tout bon : il coûte aussi deux fois moins cher qu'un établissement médico-social.

Sur sa lancée, Maïlys Cantzler continue ainsi de s'engager auprès d'entrepreneurs : elle accompagne entre autres Lilote, une application ludo-éducative qui encourage les enfants à la lecture, mais aussi la start-up Houmni, qui propose des maisons nomades, autonomes en eau et en électricité, et la jeune pousse GusNGo, qui propose un gyropode à station assise pour personnes à mobilité réduite.

## L'essentiel

- Surveiller son cash
- S'appuyer sur les facilités réglementaires de son secteur
- Imaginer la lune même dans l'économie sociale et solidaire

## *Vaincre ses peurs pour créer un projet qui a du sens*

### Chloé Hermary, Ada Tech School (EdTech)

À 24 ans, fin 2019, Chloé Hermary crée Ada Tech School, une école de codage basée sur la pédagogie Montessori. Deux ans plus tard, en septembre 2021, elle lève trois millions d'euros. Pari réussi pour une école résolument au service de l'inclusion et de la diversité – et 100 % féministe !

Aujourd'hui, en France, seulement 10 % des élèves des formations Tech et informatiques sont des femmes : avec Ada Tech School, Chloé Hermary souhaite changer la donne et offrir une école de programmation pensée pour les femmes, mais ouverte à tous.

C'est un parcours ultra-classique que Chloé Hermary choisit de suivre après le bac : classe prépa au lycée Stanislas à Paris, puis HEC. Néanmoins, en réalité, elle vit cette « voie royale » comme un vrai cauchemar. Harcèlement, sentiment d'imposture, dépression, au fil des ans, elle perd confiance en elle. « J'allais si mal que j'étais dernière de ma promo », explique Chloé Hermary qui était pourtant une brillante lycéenne. Une expérience qui a nourri sa vision d'une éducation alternative. Après deux stages lors de son année de césure à HEC, l'un en finance, très éprouvant, l'autre au sein d'une start-up à New York créatrice de bijoux, AURate, elle revient à Paris boucler ses études et choisit la majeure HEC Entrepreneurs. « L'expérience à New York m'a révélé que j'adorais le côté opérationnel d'une aventure entrepreneuriale : de l'audit à la gestion de stocks en passant par l'analyse des prix et des marges, je m'y épanouissais. Je n'avais pas aimé travailler en finance, je voulais trouver du sens dans ce que j'allais faire en créant mon entreprise. C'était aussi ma façon de me désinhiber, de chasser mes peurs. »

### ⁎ 1er conseil : s'écouter, se faire confiance, faire le tri dans les avis de son entourage

À peine sortie d'HEC, Chloé Hermary lance donc son premier projet avec un camarade de promotion créateur de la start-up Trône. Talent.me veut proposer un bilan de compétences pour les jeunes, plus particulièrement des lycéens. Elle se rend toutefois vite compte que la cible est difficile à toucher et que son projet aura du mal à décoller.

Passionnée d'éducation, elle reste cependant convaincue qu'elle peut apporter une contribution positive dans un choix de carrière, en imaginant un parcours pédagogique différent vers les métiers prometteurs de la Tech. Intuition confirmée par une étude auprès d'une cinquantaine de recruteurs. « C'est un secteur qui reste fermé aux jeunes femmes, alors qu'on manque cruellement de développeurs et de codeurs. J'y ai vu une opportunité. »

### ⁎ 2e conseil : persévérer

Chloé Hermary ne connaît rien à l'informatique, mais elle est persuadée qu'un accompagnement de type Montessori peut aider à former de nouveaux bataillons, notamment de femmes, vers des métiers d'avenir bien rémunérés. Elle crée alors Ada Tech School en septembre 2018. « Je faisais des petits boulots de serveuse le soir pour vivre. Mais ce n'était pas le bon tempo : j'avais besoin de vrais financements, d'un local, de professionnels. »

Deux éléments vont changer la donne pour accélérer son projet : elle rencontre d'abord un chercheur et développeur de génie, Yannick François. Doté de vingt ans d'expérience en informatique, notamment auprès de l'équipe pédagogique du réseau des écoles Simplon, il est spécialisé en formations en numériques. Elle l'embarque sans hésiter dans l'aventure. En janvier 2019, l'école d'informatique qui veut « changer le monde grâce à la Tech » effectue sa vraie lancée dans la foulée. Dès 2019, la jeune entrepreneuse procède aussi à une première levée de fonds de cinq cent mille euros auprès de *business angels* de la Tech essentiellement.

En octobre 2019, le premier campus Ada Tech School ouvre à Paris et forme quinze élèves, sur son premier cycle d'un an. Sa mission : construire une culture technologique plus ouverte, féminine et créative. Ada Tech School cible en effet en priorité les femmes – qui ne représentent que 17 % des développeurs et programmateurs, mais 70 % des effectifs de l'école. Pour leur donner confiance, elle s'appuie sur une pédagogie alternative, approchant le code comme une langue vivante. L'école doit ainsi son nom à Ada Lovelace qui fut l'une des pionnières de la programmation informatique. « Je voulais une formation sans critères de sélection, qui donne confiance aux femmes et qui dédramatise l'échec ; mieux, qui le valorise comme une étape nécessaire », raconte Chloé Hermary. En cela, Ada Tech School est absolument unique : elle est la seule école du genre à se revendiquer comme « féministe », même si d'autres comme l'École 42, le Wagon ou la Web School Factory, créée par Anne Lalou, ont également investi le secteur porteur de la formation aux métiers du web et du numérique.

### ⁎ 3e conseil : être visible en associant les entreprises à la formation

La force d'Ada Tech School ? Proposer plusieurs promotions par an. Elle est également devenue certifiante et délivre un diplôme de concepteur et développeur d'application (niveau 6), équivalent d'un niveau licence. Accessible via un compte formation (CPF), le programme se déroule sur deux ans : neuf mois en cours et douze mois en entreprise en alternance pour faciliter l'intégration sur le marché.

Près de trois ans après sa création, avec trois campus à Paris, Nantes et Lyon, l'école a déjà deux cents apprenants en formation, au rythme de trois promotions par an par petits groupes, chapeautés par quarante-cinq formateurs en freelance. L'école fournit un vrai vivier qui alimente les escadrons de développeurs des start-up du web comme Trainline, Blablacar, LeBonCoin, Deezer ou encore ManoMano. La formation coûte huit mille euros sur deux ans dont une en alternance pour faciliter l'intégration sur le marché, mais une grande partie est financée par des aides et des subventions de l'État et des entreprises.

- **4ᵉ conseil : se déployer en régions, là où il y a des besoins en formation**

À peine deux ans après sa première promotion, Ada Tech School a levé en octobre 2021 plus de trois millions d'euros pour ouvrir un deuxième campus à Nantes et développer une plateforme d'apprentissage sur-mesure un an plus tard. Avec des investisseurs engagés, comme Céline Lazorthe, Catherine Barba, la famille Carle créatrice du réseau de crèches Babilou, les anciens CTO (directeurs techniques) de Blablacar et d'Ulule. Un mouvement s'est installé et Chloé Hermary compte bien continuer de surfer sur cette vague pour accélérer et ouvrir six campus en France d'ici 2025.

Signe des temps : le succès d'Ada Tech School a valu à Chloé Hermary de remplacer officiellement le profil d'Emmanuel Macron sur LinkedIn, le temps d'une journée, le 8 mars 2023. À l'instar du président de la République, d'autres personnalités masculines ont accepté d'être remplacés sur LinkedIn par des femmes de la Tech. Avec le hashtag *#Amaplace*, le collectif SISTA et l'ONU Femmes France ont lancé cette initiative pour la journée internationale des droits des femmes. La raison ? Une femme qui travaille dans la Tech à cinq fois moins de visibilité qu'un homme. Avec Ada Tech School, Chloé Hermary s'emploie clairement à renverser la tendance.

## *L'essentiel*

- Innover en appliquant de nouvelles méthodes à sa cible
- Choisir de s'entourer d'experts
- Adapter son calendrier aux besoins du marché

## « Offrir un accès à tous à l'économie réelle »

### Caroline Lamaud-Dupont, Anaxago (FinTech/PropTech)

C'est le précepteur de Périclès, Anaxago, qui a inspiré le nom de cette formidable aventure dans la finance. Start-up innovante dans le monde du crowdfunding pour l'immobilier et pour financer des toutes jeunes entreprises, Anaxago a fêté ses dix ans en 2022. Ses trois fondateurs se sont rencontrés sur les bancs de la fac et ont réussi en quelques années à conquérir un marché sur lequel beaucoup se sont cassés les dents.

Caroline Lamaud-Dupont, cofondatrice à 22 ans de cette FinTech d'un nouveau type aux côtés de ses condisciples, François Carbone et Joachim Dupont, est aujourd'hui présidente du conseil d'administration et directrice de la communication d'Anaxago. Dans un environnement bancaire très masculin, elle a un trajet de comète, avec deux masters en finance à Paris Dauphine-PSL et à l'ESCP, ainsi qu'une licence en finance en Allemagne. Elle a même réussi à caser une incursion d'un an à Londres, entre autres, dans une université d'art.

**⁎ 1er conseil : innover dans un secteur a priori fermé**

« Le monde avance parce que les hommes innovent », disait Périclès. « Et les femmes aussi », pourrait ajouter Caroline Lamaud-Dupont à la citation retenue de son éducation classique. « Joachim Dupont et François Carbone, mes deux associés, ont réalisé, à partir d'une étude réalisée en 2007, que les PME manquaient de sources alternatives de financements sur un marché très réglementé. Nous, nous voulions offrir le choix », raconte-t-elle, désormais devenue experte en storytelling (accroche narrative). Joachim Dupont et François Carbone viennent alors de finir leur stage chez Lazard et au Crédit Agricole, Caroline Lamaud-Dupont chez Indosuez et Dior. Ils réfléchissent ensemble à une idée de start-up.

« Au pire, on ratait dix-huit mois dans notre cursus, au mieux, on créait et on réussissait un joli challenge. »

C'était le tout début du financement participatif (crowdfunding) aux États-Unis. Les trois jeunes entrepreneurs ont ainsi l'idée de l'appliquer aux besoins en financement des PME-PMI, à la faveur d'une zone grise de la réglementation française, sur les investissements privés de moins d'un million d'euros. Diplômés en 2012, ils lancent Anaxago pour profiter de la brèche en créant une plateforme 100 % en ligne. L'objectif ? Donner aux investisseurs privés, à des particuliers, l'opportunité de devenir actionnaires de petites entreprises. « À partir de mille euros, explique la jeune présidente, on leur offre un accès à l'économie réelle et la possibilité d'être vraiment les acteurs de leur placement. »

Une première version bêta de la plateforme est testée en mai 2012 ; la version opérationnelle sort cinq mois plus tard, en septembre 2012. Dès le mois de décembre, les trois fondateurs, rodés aux pitchs devant les investisseurs, lèvent cent cinquante mille euros. « Rétrospectivement, je mesure notre chance et la solidité de notre modèle. C'était une somme dérisoire, note Caroline Lamaud-Dupont. L'un de nos concurrents, avec cinq millions d'euros de mise de départ, a fermé boutique au bout de quelques années. »

**⁎ 2e conseil : travailler, travailler, travailler**

En 2013, Anaxago collecte et investit sept cent mille euros pour plusieurs start-up, deux millions d'euros l'année suivante et sept millions d'euros en 2015. En créant un pont entre des entrepreneurs talentueux et des épargnants passionnés à la recherche de nouvelles opportunités, Anaxago transforme les investisseurs en acteurs engagés. « On répondait à un besoin : à côté du livret A, les personnes souhaitaient investir dans de nouvelles formules, plus risquées mais potentiellement plus rentables, pour participer à des aventures entrepreneuriales. »

Qu'est-ce qui a alors pu faire la différence pour Anaxago par rapport à la ruée du moment sur le crowdfunding ? « Le seul secret, c'est le travail. Le travail et encore le travail », explique Caroline Lamaud-Dupont, fervente adepte de la rigueur et du suivi. « Et c'est particulièrement vrai quand vous lancez un projet de cette nature à 22 ans. On doit être irréprochable. » Anaxago aligne en réalité bien d'autres atouts : « Nous avions tous un solide bagage financier. Et nous avons toujours veillé à avoir une structure très "frugale" », reconnaît la présidente de la jeune structure. De son Limousin natal, elle a gardé la tête sur les épaules.

En 2014, la société pivote grâce à une rencontre. Un promoteur immobilier vient frapper à leur porte pour financer la construction de trois immeubles à Toulouse et Montpellier. Lancée en novembre 2014, toujours pour une mise minimale de mille euros, l'offre en ligne récolte 1,8 million d'euros en quarante jours. Ce succès convainc les cofondateurs que leur plateforme vient combler un besoin en financement dans l'immobilier, hors des sentiers battus. Avec des garanties et différents leviers pour pouvoir récupérer sa mise, la plateforme peut proposer jusqu'à 9 % de rentabilité annuelle. La formule séduit au point qu'Anaxago change de braquet.

**✶ 3e conseil : s'entourer d'équipes qualitatives et en prendre soin**

À la fin 2022, les projets financés par la plateforme d'Anaxago se répartissent ainsi pour 80 % sur des opérations immobilières (construction, location, rénovation) et pour 20 % sur des levées de fonds pour des start-up. Pour se renforcer auprès des jeunes pousses, Anaxago rachète au début de l'année 2022 Cap Horn, un fonds de capital-risque européen investissant dans les domaines de la santé et des villes durables. Un choix stratégique. « En réalité, on se concentre sur tous les sujets à impact : santé, Tech, finance… C'est là que se façonne le monde de demain. » Parce que ces projets à fort impact social ou énergétique apportent du sens aux investissements, Caroline Lamaud-Dupont sait aussi construire autour d'eux des équipes « qualitatives », attirées par ces visées d'économie responsable et durable. En dix ans, la structure a grandi, employant plus de soixante-dix personnes aujourd'hui[3].

### ⁎ 4e conseil : donner du sens, façonner le monde de demain

Avec dix millions d'euros de chiffre d'affaires en 2021, malgré la crise Anaxago est une structure profitable qui dégage une marge de 20 %. Le modèle économique est simple : Anaxago prélève un pourcentage sur les levées de fonds et prévoit un autre taux en cas de surperformance de la start-up. La plateforme se prévaut d'être très sélective : moins de 3 % des dossiers examinés sont retenus. « En retour, nous sommes très engagés sur la qualité du suivi et l'accompagnement de nos start-up : là est notre valeur ajoutée », insiste la présidente.

Autre caractéristique : plus de 60 % des projets financés par Anaxago depuis 2012 ont été choisis pour leurs engagements sur des thématiques énergétiques ou sociales, ou pour limiter l'impact environnemental de la construction. C'est le cas par exemple de Kanopée, le premier « écoquartier » sur l'île de La Réunion et financé en 2020 avec le promoteur immobilier Alsei. De l'exosquelette de Wandercraft pour les handicapés à la jeune biotech Articor, de l'aménagement d'un lieu de coworking à Marseille à un entrepôt logistique de Creil, Anaxago privilégie les projets qui font « évoluer le monde positivement ».

Les levées de fonds se situent en moyenne entre sept cent mille et cinq millions d'euros, et vont exceptionnellement jusqu'à quinze millions d'euros. Dix ans après sa création, Anaxago a ainsi déjà réalisé cent trente sorties (ventes de parts) positives. « En 2022, nous avons eu la bonne surprise de projets bien valorisés à la sortie et même d'avoir participé à la construction d'une licorne. » La start-up affiche donc un joli bilan : la maison a conseillé depuis 2013 plus

---

3. Pendant la crise sanitaire, Caroline Lamaud-Dupont a appris à gérer en douceur cette équipe, tout en restant au front. « Nous avons travaillé avec tous nos collaborateurs, y compris en télétravail, pour rester présents auprès de nos investisseurs comme des start-up, dans une logique d'engagements. »

de douze mille investisseurs privés et professionnels, à travers trois cents opérations, a investi près d'un milliard d'euros au début de l'année 2023 et remboursé deux cents millions d'euros du montant total. De quoi faire rêver le monde de la finance durable sur des sujets de RSE (responsabilité sociale et économique)...

**⁎ 5e conseil : ne pas brûler les étapes**

Prochaine étape, l'international ? « Non, dit prudemment la jeune CEO. Anaxago est une marketplace rentable en France. Mais en Europe, où les règles peuvent changer d'un marché à l'autre, nous aurions plus de mal à avoir la même visibilité. » En revanche, Anaxago s'enrichit de nouveaux services et ambitionne de devenir un groupe financier complet : « Nous sommes décorrélés des marchés, ce qui nous donne une grande latitude pour de nombreux produits. »

Pour Caroline Lamaud-Dupont, Anaxago est le « modèle de la banque de demain », entre gestion de patrimoine et opportunités d'investissements pour faire vivre un portefeuille et dynamiser son épargne. Spécialisée en crowdfunding immobilier et en levées de fonds, la structure s'est donc diversifiée, dans des SCPI et des fonds de *private equity* en immobilier, pour faire du conseil en gestion de patrimoine, mais aussi en assurance-vie. « Nous travaillons au lancement de deux fonds dans notre domaine d'expertise, le capital-risque : le capital-investissement immobilier et la dette privée immobilière. »

**⁎ 6e conseil : d'être une femme, en faire un atout**

Présidente du conseil d'administration, Caroline Lamaud-Dupont conjugue désormais ses responsabilités avec son rôle de jeune maman. Être une femme, dans un milieu très masculin, que ce soit l'immobilier ou la finance, est un atout selon elle. « Moins nombreuses, on est plus écoutées et souvent mieux médiatisées », dit-elle. Elle s'est ainsi battue pour féminiser l'équipe d'Anaxago même si, dans ses secteurs, l'immobilier et la finance, les profils sont plus rares. Résultat : aujourd'hui 37 % de l'équipe est composée de femmes, ce dont elle n'est pas peu fière.

Remarquée pour ses qualités de leader, Caroline Lamaud-Dupont a également participé au G20 des jeunes entrepreneurs à Istanbul en 2015. Il y a deux ans, elle a été classée à la quatrième place du top 100 des influenceurs Tech 2020. Pourtant fêtée, quand elle regarde objectivement les progrès réalisés pour les femmes dans la Tech, elle estime qu'il y a encore beaucoup de chemin pour vaincre les stéréotypes de genre. « C'est très générationnel. Dans une start-up, on est un peu à l'abri, mais dès que je sors, je mesure à quel point les problèmes culturels sont profonds. Il faut en permanence se justifier d'être là et, en tant que femme leader, je reste encore jugée sur des aspects superficiels. » C'est la raison qui la pousse à témoigner, dans ses réseaux comme le Dell Women's Entrepreneur Network dès 2015 ou comme administratrice de France FinTech.

## L'essentiel

* Miser sur l'appétence de nouveaux investisseurs pour un secteur donné
* Travailler sans relâche
* Savoir récupérer à temps son investissement de départ

## S'efforcer, chercher, trouver et ne pas céder

### Raphaëlle d'Ornano, d'Ornano & Associés (FinTech)

En quelques années, Raphaëlle d'Ornano, qui porte le nom d'une vieille famille aristocratique, s'est fait un prénom dans le monde très fermé des transactions de haut vol dans la Tech. À 30 ans, elle a créé un cabinet hybride, d'un nouveau type, combinant les expertises d'analyses financière, stratégique et juridique. Depuis, elle en a fait une machine de guerre, avec un suivi 2.0 des données de ses clients et vient de s'implanter aux États-Unis.

**⁎ 1$^{er}$ conseil : disrupter le marché**

Depuis toujours, Raphaëlle d'Ornano vit à cent à l'heure et n'aime rien autant que de relever les défis impossibles. En 2015, profitant d'une avancée de la loi Macron qui autorise les cabinets d'avocats à avoir une deuxième activité, elle s'engouffre dans la brèche. Sans historique, ni réseau, elle se dépêche de poser sa plaque à 30 ans pour combiner les deux métiers d'analyse financière et juridique sous le même toit : né sur les chapeaux de roues, d'Ornano & Associés sera en France la première SARL d'avocats faisant du conseil financier.

Triathlète, multidiplômée, créatrice d'une entreprise, investisseuse, maman de deux petits garçons, chaque étape de sa vie est un roman. Ce n'est pas pour rien que Raphaëlle d'Ornano a choisi pour devise : « S'efforcer, chercher, trouver et ne pas céder », affichée sur son site. Cette phrase, tirée d'un poème du romantique Alfred Tennyson sur Ulysse est à son image, combative et déterminée. En 2015, lors d'une épreuve sur le « *half Ironman* » du Pays d'Aix, alors qu'elle vient de lancer sa start-up, elle subit un grave accident à vélo et reprend tout de même le collier dix jours après être sortie de coma. Héroïque ? « Non, j'ai eu de la chance », dit-elle sobrement.

Diplômée de l'ESSEC, Raphaëlle d'Ornano se lance dans le droit pour accumuler les masters : en droit des affaires, en droit des entreprises en difficulté, avant de passer son CAPA pour s'inscrire au Barreau. En 2009, jeune consultante chez Deloitte, elle passe aussi en parallèle son diplôme d'entrée dans le parcours d'expert-comptable, le DSCG. Elle quitte Deloitte pour un cabinet indépendant de renom. Elle a 27 ans et peaufine déjà un projet professionnel basé à la fois sur le chiffre et le droit. Elle démissionne au bout de huit mois pour créer sa société « hybride », la première du genre sur le marché des prestations d'audit sur les sociétés de technologie, alors que la French Tech n'en est qu'à ses balbutiements.

Son ambition ? Être la référence de la Tech européenne pour poser les standards sur la qualité des actifs[4] dans un secteur où les codes sont encore à écrire. « Je suis partie de zéro et j'ai dû beaucoup travailler pour convaincre. Je me suis créé mon réseau en tablant sur le bouche-à-oreille, initialement sur une approche nouvelle conjuguant le droit et la finance. »

Elle part donc évangéliser les interlocuteurs potentiels en insistant sur l'originalité de sa démarche. « Notre modèle est tourné vers le futur. Il permet aux investisseurs de disposer de tous les éléments pour avoir une vision globale de la valeur d'une société et de son potentiel, et donner rapidement plus de chance à nos clients dans leur décision. »

Huit ans plus tard, et forte de plusieurs centaines de transactions à son actif, à l'été 2022, elle pose un nouveau concept, la « *hybrid growth intelligence* » (littéralement l'intelligence de croissance hybride) avec une approche non plus quantitative, mais stratégique des actifs.

4. Les actifs sont l'ensemble des droits et biens d'une entreprise.

### ⁎ 2e conseil : exprimer un positionnement précis et une ambition claire

Avoir une vision claire et précise de son objectif et surtout savoir l'expliquer sont deux des atouts de son succès. Elle incite de la même façon les entrepreneurs qu'elle accompagne à partager leurs visions et leurs cibles, ainsi que leur méthode de travail. Raphaëlle d'Ornano a par exemple aidé dans ses statuts et sa modélisation le site *Mademoisellerun.com*, une jeune pousse autour du sport qui compte plus de dix mille followers aujourd'hui.

Mais ce sont les grands fonds d'investissement qu'elle doit embarquer pour décoller. Lorsqu'elle lance sa société de conseil, elle vise d'abord le petit cercle des investisseurs de *venture capital* (capital-risque : financement accordé aux jeunes entreprises) plutôt que les fonds classiques de *private equity* (capital investissement : pour des sociétés plus matures, cotées ou non cotées). Elle pense alors que les approcher est plus facile. Sans réputation pour la précéder, toute jeune dans le métier, elle a pourtant du mal à convaincre, jusqu'à ses toutes premières opérations pour l'équipe *large venture* – grandes entreprises – du fonds souverain de BpiFrance. Sa double casquette juridique et financière et son approche pragmatique séduisent la banque publique d'investissement française qui décide de lui confier ses dossiers dans les SaaS (*Software as a Service*), la catégorie commerciale alors majoritaire de la Tech qui permet de fournir et actualiser un logiciel sur abonnement. Dès lors, Raphaëlle d'Ornano va vite se faire un nom. Son énergie et ses qualités relationnelles finissent par l'emporter.

### ⁎ 3e conseil : « ne pas se justifier en tant que femme »

Effet boule de neige. La confiance accordée par BpiFrance lui ouvre d'autres portes vers des fonds d'accélération (*growth equity*) et des opérations de LBO (rachat par endettement), la pandémie permettant un vrai décollage pour cette classe d'actifs.

« Il est faux de dire que nous, les femmes, ne pouvons pas tout faire de front. C'est une question de volonté et d'organisation », affirme cette ultra-féministe. Preuves à l'appui. Sa première décision en créant d'Ornano & Associés a été d'habiter juste à côté de son cabinet pour voir ses enfants, même une heure, dès qu'elle le peut. Dans sa société, 50 % de ses cinquante collaborateurs sont des femmes. Et elle ne cesse d'inviter les investisseurs à croire aux start-up et aux sociétés fondées par des femmes. « Il y a peu de femmes dans le capital investissement, constate-t-elle, ce qui nous oblige à une exemplarité et à une capacité d'exécution sans faille. »

Partenaire du réseau d'entrepreneuriat, Les Déterminés, à destination des jeunes issus de milieux défavorisés, elle les aide à embarquer aux États-Unis et n'hésite pas à conseiller les fondatrices de start-up à « agir pour leur propre bonheur ». Cela permet de garder ses priorités en ligne de mire. Le secret ? Délivrer à court terme ses résultats opérationnels, selon elle, mais surtout avoir une vision à long terme. Ce qui oblige à se faire confiance. « Il faut une intime conviction que ce que l'on fait va marcher, même dans les passages à vide. Je fais des choix en permanence et j'ai cessé de me justifier en tant que femme. Je construis une marque. »

### ✶ 4e conseil : « l'urgence du dirigeant, ce doit être le long terme »

Dès 2018, d'Ornano & Associés accélère. L'équipe désormais étoffée du jeune cabinet, travaille dès lors avec les grands investisseurs de la place de Paris : New Alpha, Alven, Partech, Tikehau, Montefiore, Sagard… Elle se retrouve impliquée aussi bien dans des opérations auprès des scale-up et nouvelles licornes de la French Tech que dans des grandes transactions. Le magazine très select *Private Equity* s'émerveille, en juin 2020, de voir que d'Ornano & Associés a doublé les « Big 4 » (les grands cabinets d'audit) pour accompagner l'investissement du plus important gestionnaire d'actifs au monde, BlackRock, dans la plateforme ContentSquare, qui vient de lever cent quatre-vingt-dix millions de dollars. Depuis, cette pépite tricolore qui analyse l'expérience utilisateur, est devenue une super-licorne, valorisée 5,6 milliards de dollars.

Raphaëlle d'Ornano trace ainsi sa route, toujours dans les opérations de la Tech et de l'intelligence artificielle dont sa société est devenue le deuxième prestataire français en matière de transactions. « Nous nous positionnons sur des opérations qui mettent en jeu l'innovation et la technologie comme facteurs de disruption, en conseillant aussi bien des VC (*venture capital*) que des fonds LBO demandeurs d'un vrai accompagnement pour comprendre ces bouleversements. »

Forte de ses succès, elle installe en 2022 un bureau à New York où elle réside depuis avec sa famille. Dans la foulée, elle est élue membre du prestigieux programme « Young Leader 2022 » de la French American Foundation. « Quand vous êtes start-uppeuse, il y a des moments de doutes. Mais aujourd'hui, huit ans après, j'ai une impression de solidité. »

**⁎ 5e conseil : construire une offre avec un service inédit**

En bonne spécialiste de la Tech, et au regard du durcissement des financements dans la technologie, Raphaëlle d'Ornano a lancé en 2022 sa dernière création, *continuous data room*, une « salle de données » en continu pour ses clients. Cet outil permet aux pépites de la Tech de mieux préparer leurs discussions avec de potentiels investisseurs, notamment américains. « Le rythme du marché de l'investissement privé s'accentue. Dans cet environnement, une levée de fonds ou une sortie peut survenir à tout moment, il faut que nos scale-up soient préparées pour saisir les opportunités qui les aideront à accélérer ou à se défendre. » À travers une offre dédiée, d'Ornano & Associés permet à ses clients de construire une combinaison de chiffres financiers et opérationnels, adaptée à leur modèle économique, pour faciliter la lecture de l'entreprise par un investisseur potentiel. Ces chiffres clés (*metrics*) permettent par ailleurs aux jeunes entreprises en pleine croissance d'apporter des corrections régulières dans leur trajectoire, pour rester en phase avec leurs objectifs, et d'avoir constamment leur reporting financier actualisé. Elles fournissent aussi aux investisseurs une photographie unique, en temps réel, de la situation d'une société et, le cas échéant, de faciliter et accélérer une transaction.

Femme pressée, Raphaëlle d'Ornano continue de privilégier la vitesse et la rigueur dans sa prestation. « J'ai essayé d'innover, certainement pas de renverser des codes de la profession, mais plutôt de les moderniser », résume-t-elle sans forfanterie. Anticipant sur les évolutions de son métier, elle veut, dans cet univers normé, imposer sa marque, ses méthodes et une culture de cabinet, en misant sur de jeunes talents et beaucoup de créativité. Et, de fait, avec des centaines de transactions prises en charge, elle a fini par édicter de nouvelles normes et par imposer son style.

## *L'essentiel*

- Choisir un positionnement précis et l'expliquer
- Viser le long terme
- Construire une marque

## Avoir un impact positif sur la planète en changeant les modes d'alimentation animale

### Aude Guo, Innovafeed (FoodTech)

Ils sont quatre au départ à lancer Innovafeed en 2016. Aux côtés de ses trois associés, Clément Ray et Bastien Oggeri, mais aussi de Guillaume Gras (parti en 2018), Aude Guo, ingénieure diplômée des Ponts et Chaussées, a naturellement choisi le rôle de CTO (*Chief Technological Officer*). Le sujet est tout neuf, radicalement innovant : Innovafeed mise sur l'élevage d'insectes pour la nourriture animale afin de réduire l'empreinte carbone de l'alimentation. Sept ans plus tard, en janvier 2023, Innovafeed, qui a déjà deux usines en France, lève deux cent cinquante millions d'euros pour s'implanter aux États-Unis.

« L'un des plus grands défis de notre génération est de trouver des solutions au réchauffement climatique », dit Aude Guo du haut de ses 35 ans. Avoir un impact positif sur la planète doit passer, selon elle, par une révision de nos modes d'alimentation. Elle s'y attelle avec succès depuis la naissance de sa start-up, qui a déjà levé quatre cent cinquante millions d'euros.

#### * 1^er^ conseil : bien s'entourer et s'apprécier

Ingénieure, née en Chine et arrivée en France à l'âge de 12 ans, Aude Guo fait un passage chez Safran avant de se tourner vers le conseil chez McKinsey où elle rencontre son futur associé, Clément Ray. Pour l'un de ses clients, elle s'intéresse à la question de l'agriculture qui représente environ 21 % des émissions de gaz à effet de serre (GES) dans le monde. Elle réfléchit alors à une alternative qui ne soit pas issue de l'agriculture. « Seul, je pense qu'aucun d'entre nous n'aurait poussé l'idée, mais le partage avec Clément, Bastien et Guillaume du sens du projet, des ambitions et des valeurs m'a convaincue de me lancer. Nous sommes très complémentaires. »

Aux yeux des trois cofondateurs, les protéines d'insectes sont la solution pour « nourrir le monde de demain » en raison de leurs propriétés souvent méconnues. Innovafeed jette alors son dévolu sur les larves d'une mouche noire, appelée la mouche soldat, qui réunissent des qualités exceptionnelles en protéines, lipides gras, oméga 3 et calcium. « L'insecte est extrêmement nourrissant et a besoin de très peu de ressources pour grandir », explique Aude Guo, intarissable sur le sujet. « L'émergence de cette nouvelle source de protéines vient répondre aux besoins d'une nutrition animale de qualité, à faible impact environnemental. » Innovafeed produit donc des protéines d'insectes pour l'élevage de truites et de saumons. Plus récemment, les farines issues de sa production commencent à entrer dans la nourriture de la volaille et du porc.

**⁕ 2e conseil : travailler sur soi**

Après une première unité de production dans le département du Nord à Gouzeaucourt, grâce au soutien appuyé de la commune, Innovafeed décide d'implanter en 2018 une deuxième usine à Nesle, en Picardie, à proximité de son partenaire, le géant agroalimentaire Tereos. Aude Guo y passe depuis l'essentiel de son temps. Pour mener à bien les projets industriels, sa casquette d'ingénieur a été utile afin d'organiser cette unité gigantesque de 25 000 $m^2$ : le plus grand élevage d'insectes au monde !

Dix-huit mois après la pose de la première pierre, l'usine ouvrait en novembre 2020. Le premier test grandeur nature de la scalabilité (mise à l'échelle) du modèle a donné au groupe un formidable élan. « Il y a des moments de doutes. Mais, au bout du compte, la seule validation qui compte, c'est votre confiance en vous, pas le jugement des autres. Ce qui demande un vrai travail sur soi. » Après deux grossesses pendant cette phase d'hyper-croissance d'Innovafeed, Aude Guo a également appris à prendre du recul et à réajuster son rôle de dirigeante. « Ce n'est pas facile de lâcher, mais j'ai appris à déléguer, avec une équipe experte et solidaire. »

Aujourd'hui, Innovafeed assure doubler son chiffre d'affaires tous les ans, sans autres détails. La start-up emploie déjà trois cents personnes en France et pour 45 % des femmes (ce qui est assez rare dans le secteur industriel). « On manque de femmes dans l'industrie et la Tech, et en même temps les premières personnes qui nous ont rejoints étaient des femmes qui ont structuré et construit nos premières équipes techniques. Elles sont nombreuses à s'intéresser aux questions d'impact environnemental », dit la jeune cofondatrice qui reste attentive à la mixité dans ses équipes et au sein du Comex.

**✶ 3e conseil : innover et briser les préjugés**

Sur sa lancée, le trio collégial à la tête d'Innovafeed continue d'innover pour construire des chaînes agroalimentaires circulaires et sans déchet. Le jeune groupe travaille notamment sur les résidus de l'agroalimentaire qui nourrissent les insectes. C'est pourquoi l'usine s'est implantée à Nesle, à l'ombre du complexe industriel de Tereos pour sourcer ses résidus et bénéficier de son énergie thermique : un modèle de ferme verticale sur plusieurs étages. Innovafeed a ainsi développé une technologie unique de production totalement automatisée, tout en respectant le cycle de vie des insectes : vingt mille œufs de larves sont collectés par seconde, sans intervention humaine. Le comptage automatique des larves s'appuie sur l'intelligence artificielle et la reconnaissance optique.

La formule séduit d'autres industriels. Le géant agroalimentaire Cargill a renouvelé en juin 2022 son partenariat mondial avec la start-up pour dix ans. « L'utilisation de la farine d'insectes de haute qualité d'Innovafeed pour l'aquaculture permet d'économiser seize mille tonnes de $CO_2$ pour dix mille tonnes de protéines d'insectes », assurait alors le groupe américain.

Visionnaire, Innovafeed ouvre un marché gigantesque dont ses partenaires ont connaissance. Avec la croissance de la population mondiale, les besoins en protéines devraient doubler d'ici à 2050 à l'échelle de la planète. Formée aux sciences, Aude Guo est donc convaincue que les ruptures technologiques, particulièrement dans la BioTech et l'agriculture, peuvent apporter des solutions performantes aux besoins de demain.

* **4e conseil : prouver sa scalabilité (son potentiel de mise à l'échelle) et accélérer**

Très soutenue par ses investisseurs, Innovafeed est en pleine phase d'accélération. Elle a déjà levé deux cent cinquante millions d'euros en janvier 2023, en série D, pour implanter une usine aux États-Unis dans l'Illinois. Et le groupe ne prévoit pas moins de dix unités de production de plus dans le monde d'ici 2030. Fidèle à elle-même, Aude Guo félicitait en bon leader les deux dirigeantes du projet américain, Sophie Benard et Maye Walraven sur sa page LinkedIn. « Je ne sais pas si je suis plus enthousiaste à l'idée de ce qui attend Innovafeed aux États-Unis, ou parce que ce projet est lancé avec autant de femmes à sa tête ! », disait-elle.

Citée parmi les potentielles licornes tricolores depuis sa dernière levée de fonds, Innovafeed pourrait propulser la très discrète Aude Guo aux côtés des fondatrices de Vestiaire Collective, Sophie Hersan et Fanny Moizant, parmi le petit club de femmes dirigeantes à se hisser à ce rang. Parmi les vingt-neuf scale-up tricolores inscrites au Next 40, une seule à ce jour (Pigment) est codirigée par une femme (Éléonore Crespo).

## *L'essentiel*

* Ne pas craindre de se lancer dans un projet industriel
* Choisir un projet disruptif pour la planète
* Voir grand à l'international

## *« Partir d'une idée simple du quotidien et améliorer la qualité de l'expérience »*

### Julia Bijaoui, Frichti (FoodTech)

À 26 ans à peine, en 2015, Julia Bijaoui crée sa société Frichti, l'un des plus jolis succès français dans la restauration rapide et la livraison à domicile. « J'avais l'âme d'une entrepreneuse, c'est mon ADN », explique celle qui a attrapé le virus en famille. En effet, ses parents avaient créé un laboratoire d'analyses médicales. Julia Bijaoui, quant à elle, jette son dévolu loin du secteur de la santé en imaginant un service rapide de plats cuisinés. « J'ai toujours eu une passion pour la nourriture. Je viens d'une famille méditerranéenne qui peut parler de cuisine pendant des heures. Je suis une grande gourmande. »

Toutefois, l'ADN ne suffit pas. De façon très structurée, elle construit son trajet pas à pas pour mettre toutes les chances de son côté en suivant un parcours réfléchi et ordonné. Julia Bijaoui choisit HEC, puis la majeure Entrepreneure, comme quelques-unes de nos meilleures start-uppeuses en France. Le vivier d'excellence. Et elle cumule quelques expériences utiles pour baliser le terrain.

#### * 1er conseil : construire son parcours

Julia Bijaoui effectue un premier stage inspirant de quelques mois dans une start-up, Twistip qui offre une application pour découvrir les meilleurs lieux autour de soi. Elle y rencontre Pierre Valade qui lui fait découvrir le monde de la Tech et du digital à une époque où « Twitter existe à peine et où le mot start-up n'était qu'un anglicisme peu sexy ». Emballée, elle comprend qu'elle peut utiliser la Tech pour faire bouger les lignes et changer les codes de la société. Elle complète sa formation en effectuant deux stages : un chez Procter & Gamble pour y apprendre le marketing, un deuxième dans un fonds de *venture capital* londonien.

Entre-temps elle crée un Prix littéraire des Grandes Écoles afin de prouver sa créativité. Pour couronner le tout, à sa sortie d'HEC, elle passe trois ans chez Birchbox à développer la vente par Internet de leurs coffrets de produits beauté. La jeune société américaine vient alors tout juste de racheter la start-up française Jolie Box, créée par Quentin Vacher, le futur compagnon de Julia Bijaoui et son futur associé.

La voilà parée. Marketing, finance, digital : elle peut lancer son entreprise. Son premier projet sera un café sur la Seine (déjà une envie de restauration), mais elle abandonne au bout de six mois. « Je voulais créer rapidement plusieurs lieux, en quelques mois, mais nous n'étions pas alignés avec mon associé sur la vision, ni sur l'ambition. Je me suis vite retrouvée embourbée dans les problèmes opérationnels du quotidien », résume la jeune femme. Déterminée, elle n'hésite pas à faire confiance à son intuition et à décider vite de sortir de l'aventure.

Reste à trouver une autre idée. « Avec Quentin, on travaillait beaucoup et on se faisait livrer des plats vite faits, pas forcément bons. Nous sommes partis de là, d'une idée piquée dans notre quotidien, pour améliorer l'expérience et le service. »

**✳ 2e conseil : viser la lune dès le départ**

Julia Bijaoui rencontre Lucille Valentin, une cheffe qui a officié dans deux grands restaurants, le Royal Monceau et le Faust. Ensemble, elles élaborent les premiers menus proposés d'abord aux Parisiens pressés : des plats simples, faits maison, à un prix très accessible. Un ami développeur file un coup de main pour le site. « Deliveroo existait à Londres… Mais la FoodTech n'existait pas encore en France ».

Pour se lancer, Frichti réalise sa première levée de fonds avec la force et la complémentarité d'un couple à sa tête. Avec le réseau de Quentin Vacher et la détermination de Julia Bijaoui, Frichti lève un million d'euros auprès d'Alven Capital, un premier signe fort, car Alven Capital a financé un autre couple mythique de la French Tech : Nicolas Raspal et Rachel Delacour. Ces deux fondateurs de Bime Analytics ont ensuite revendu leur logiciel de CRM à l'américain Zedensk pour quarante-cinq millions de dollars en 2015.

Du courage, de l'intuition, des rencontres heureuses, et surtout énormément de travail : avec ces ingrédients, Julia Bijaoui et Quentin Vacher vont faire de leur « bébé », Frichti, le leader français de la livraison de plats.

Julia Bijaoui s'adresse ainsi directement aux petits producteurs, choisit d'internaliser le service de livraison pour se focaliser sur ce qui compte vraiment, la qualité de la nourriture, avec une assiette moyenne entre dix et douze euros. Leur slogan résume leur volonté de convertir les Français à une nourriture saine et durable : « aimez bien manger pour vous et pour la planète ». « L'ambition, on ne la trouve pas en chemin. Il faut viser la lune dès le départ, écrire le chemin avant de se lancer et se structurer rapidement pour se détacher du lot. Car on est happé par le quotidien qui au début, pour une entrepreneuse, signifie de tout faire toute seule. »

Moins d'un an après sa création, la start-up emploie près de cent soixante salariés et livre plus de dix mille plats par semaine préparés dans un atelier central à Chevilly-Larue. Sur sa lancée, Frichti effectue en 2016 une deuxième levée de fonds de douze millions d'euros, de nouveau auprès d'Alven Capital, mais aussi d'Idinvest Partners et de trois entrepreneurs de génie, Pierre Valade qu'elle a rencontré plus tôt (ex-CEO de Sunrise vendu à Microsoft), Céline Lazorthes (CEO de Leetchi) et Céline Orjubin (cofondatrice de MyLittleParis).

### ⁎ 3e conseil : faire évoluer le concept pour agrandir son marché

En pleine croissance, la jeune société fait une troisième levée de fonds en 2017 de trente millions d'euros auprès des fonds

Verlinvest et Felix Capital. Cette année-là, Julia Bijaoui donne naissance à son premier enfant et prend trois mois de congé de maternité. « Tout d'un coup, on change de perspective. Un enfant oblige à prendre du recul et à devenir une meilleure entrepreneuse : j'ai appris à déléguer et à concentrer mon énergie là où j'apporte une vraie valeur ajoutée. Et comme nous sommes un couple d'entrepreneurs, avoir un enfant nous a aussi permis de mettre le stress plus à distance et de donner davantage de priorités à notre vie personnelle. Comme rentrer plus tôt chez soi le soir, tout simplement. »

Le concept de Frichti évolue alors et s'ouvre aux entreprises avec un service de « cantine 2.0 » sans abonnements, pour des achats groupés, et même une « cafét' » (mini-restaurant d'entreprise) intégrée sur site, de taille variable, pour le click & collect (commander en ligne et retirer en magasin) de leurs collaborateurs. Frichti propose aussi un service de livraison aux particuliers avec le lancement de Frichti Market, huit cents références de supermarché pour faire ses courses : des ingrédients frais, en circuit court, issus de l'agriculture responsable, pour bien manger sans se prendre la tête.

Un pas plus loin : Frichti intègre en 2019 le prestigieux label French Tech Next 40, créé pour mettre en avant chaque année les quarante start-up les plus prometteuses de la French Tech. Mieux : Julia Bijaoui est la première femme à diriger une entreprise de ce fameux « indice ». Avec trois cent cinquante salariés, Frichti qui fête ses quatre ans et a beaucoup investi dans la technologie de sa plateforme, atteint enfin sa profitabilité opérationnelle cette année-là.

### ✶ 4e conseil : changer de rôles et s'adapter au passage à l'échelle

« La croissance oblige à réfléchir au management, à changer de rôles, pour défendre un modèle. Tout va très vite. Cela implique de vraies adaptations, de savoir déléguer et de pouvoir maîtriser sa communication pour être audibles et rester crédibles sur ses valeurs », retient Julia Bijaoui.

En 2021, Frichti passe à la vitesse supérieure et s'adresse à un marché de cinq millions de consommateurs supplémentaires en rendant disponibles ses services dans quatre nouvelles villes en France : Lyon, Bordeaux, Nantes et Lille. Ce développement implique le recrutement de deux cents collaborateurs en CDI sur l'ensemble du territoire.

Frichti compte ainsi imposer son modèle de supermarché « nouvelle génération ». La jeune pousse veut multiplier ses « *darkstores* du frais » partout en France, ces locaux où sont stockés ou préparés des produits destinés à la livraison à domicile en quelques minutes. Avec un écueil de taille : les municipalités des grandes villes comme Paris ou Lyon veulent réglementer en 2022 ces lieux de commerce *underground*.

Alors que les acteurs du marché se sont multipliés en France (Flink, Gopuff, UberEats…), parfois adossés à des groupes de distribution comme Cajoo avec Carrefour, Frichti risque l'étranglement à moins de s'internationaliser. La jeune société vise alors un partenariat et annonce brusquement en avril 2021 son rachat à 100 % par Gorillas, le géant allemand du *darkstore* déjà présent dans neuf pays européens. Le prix de rachat reste inconnu à ce jour, mais Gorillas a pour objectif de devenir le leader de la livraison de repas en Europe et, en absorbant Frichti, prend clairement une longueur d'avance.

Après avoir fait évoluer son modèle au fil des années, Frichti est largement leader sur le marché français, mais maîtrise également la technologie qui permet d'opérer le « *quick commerce* » de manière rentable. Les deux cofondateurs restent six mois pour accompagner l'intégration, puis passent le relais. Julia Biajoui sait cependant qu'elle récréera une autre entreprise « un jour ». Dans l'intervalle, elle investit et accompagne d'autres start-up. « Cela me permet de faire le plein d'énergie. »

## L'essentiel

- Anticiper les besoins des consommateurs
- Faire évoluer son modèle pour gagner en temps et en flexibilité
- Partager son expérience

# Oser et donner confiance aux autres

## Donia Souad Amamra et Loubna Ksibi, Meet My Mama (FoodTech)

En 2017, ils sont trois cofondateurs à lancer une start-up sociale et inclusive, Meet My Mama, sur un modèle hybride. Donia Souad Amamra, Loubna Ksibi et Youssef Oudahman veulent transformer le talent culinaire de femmes originaires du monde entier en levier d'insertion. Ils décident alors de créer un service traiteur avec ces « Mamas », souvent immigrées, exclues des circuits d'insertion, de les former et de les accompagner pour qu'elles se lancent dans l'entrepreneuriat.

« Nous ne voulions pas voir se reproduire le schéma subi par nos mères et nos grands-mères qui sont venues en France, souvent du Maghreb, sans pouvoir étudier ou travailler », explique Donia Souad Amamra. Ils ont la conviction que la clé de la réussite est économique. « Ce sont les entreprises qui façonnent le monde », rajoute Loubna Ksibi.

Loubna Ksibi a été formée à l'institut Mines-Telecom Business School et à Paris Dauphine-PSL, Donia Souad Amamra à Science Po Paris. Mais c'est lors d'un stage au cabinet d'audit PWC qu'elles se rencontrent et décident de lancer ensemble une association pour aider les réfugiées syriennes à s'insérer durablement. C'est le déclic. Offrir un avenir meilleur à ces femmes sera leur mission. Dans la foulée, elles créent Mama Cook'in en 2016.

### ⁎ 1er conseil : s'associer sur des valeurs et une conviction forte

Croisé sur les réseaux sociaux, Youssef Oudahman, qui avait lancé Mamma's Kitchen à Clermont-Ferrand en 2016 sur le même modèle, les rejoint rapidement. D'une famille d'origine marocaine, formé dans les écoles commerciales Novancia et Skema, il partage les mêmes convictions. « On se rejoignait sur la vision, les valeurs, l'assurance que nous pouvions changer la vie de ces femmes et les aider à vivre de leur passion », résume Loubna Ksibi. Ensemble, un an plus tard, ils lancent Meet My Mama, fusion de leurs projets initiaux. Démarrage avec zéro euro. « On avait juste nos bourses Crous », explique Loubna Ksibi.

Au fil de l'eau, Meet My Mama choisit des profils de femmes très divers, de tous horizons, ayant un projet professionnel dans la restauration. Comme Nitha du Sri Lanka, Céline de Chine ou encore Tamou du Maroc. La société travaille avec Pôle emploi en Ile-de-France, des associations, des ONG… Dès le départ, l'objectif est de créer à la fois une entreprise et une école pour permettre à ces femmes passionnées de cuisine venues des quatre coins du monde de devenir de vraies « cheffes » et d'être indépendantes. La Mama Academy naît en parallèle de l'activité de traiteur. Il s'agit de former ces femmes qui « cumulent tous les critères d'exclusion » selon ses fondateurs et de les accompagner sur des parcours innovants, mêlant cuisine et comptabilité, respect de l'environnement et confiance en soi.

**✶ 2e conseil : s'accorder du temps pour trouver la bonne recette**

L'entreprise tâtonne un peu au début sur le modèle à déployer et essaie différentes formules : restaurants éphémères, happenings, produits à vendre, ateliers culinaires… Puis elle se lance résolument dans une activité de traiteur haut de gamme pour les entreprises, offrant des « découvertes culinaires » avec des critères de qualité exigeants. Les « Mamas » sont invitées à privilégier les circuits courts, les produits bios et de saison, avec des emballages simples à partir de bambou ou de feuilles de palmier. Meet My Mama mutualise ses livraisons pour agir sur son empreinte carbone et redistribue ses surplus après les événements pour lutter contre le gaspillage. L'entreprise se revendique ainsi comme le premier traiteur social et éco-responsable en France.

Originale, la formule séduit les grands groupes, comme BNP Paribas, L'Oréal ou LVMH. Et la start-up devient rapidement rentable. À la manière d'une agence de voyages culinaires, Meet My Mama guide ses deux mille cinq cents clients vers la découverte des plats du monde, sur de grands événements, de Versailles au Louvre. En 2019, elle réalise un chiffre d'affaires de près de 1,2 million d'euros.

**⁎ 3e conseil : faire de l'attitude éco-responsable un outil de marketing**

Pour les vingt ans de Google au Petit Palais, cite Donia Souad Amamra, l'une des « Mamas » a créé un menu inspiré de la cuisine algérienne, réalisé ensuite par les équipes de Potel et Chabot. Lors de ces événements, la « Mama » prend la parole, raconte son parcours, sa culture, à l'encontre des préjugés. La meilleure façon de « créer du lien », souligne Loubna Ksibi. Car le but pour les Mamas reste de s'intégrer tout en restant fières de leur culture et de leurs origines.

Meet My Mama est ainsi « un projet d'inclusion sociale avant tout », rappellent les deux fondatrices. La Mama Academy propose ainsi de bénéficier d'un parcours d'insertion valorisant, explique Donia Souad Amamra. Et pour susciter la motivation et l'inspiration, la première étape est de « rentrer dans les coulisses des métiers de la restauration ». Ensuite, les « Mamas » intègrent l'une des formations certifiantes sur quatre à six mois, voire un an pour les plus tenaces.

Des gestes techniques à la gestion administrative, en passant par la comptabilité et les normes d'hygiène, des programmes adaptés sont organisés par étapes. Les « Mamas » ont également accès à des cuisines professionnelles, des coachings, des aides administratives ou sociales, ou des ateliers numériques. Ultime étape pour devenir entrepreneuse, les compétences « douces » ou *soft skills*. Si la majorité d'entre elles choisissent de travailler à leur compte, elles doivent au préalable se libérer de nombreux freins : « la peur de se lancer, l'absence de réseau, de moyens financiers, les problèmes liés à la garde des enfants, aux transports, à la langue : il faut créer un déclic… ». Plus de deux cents femmes ont suivi le parcours proposé par la Mama Academy sur les deux mille candidates qui ont toqué à la porte depuis 2018 – et que les fondateurs regrettent de ne pas avoir pu accueillir.

### ✶ 4e conseil : choisir son moment et ses partenaires pour sa levée de fonds

Malgré un marché perturbé par la crise sanitaire, l'entreprise s'est montrée résiliente et généreuse. Elle a notamment lancé une opération baptisée « Les Mamas Solidaires » permettant à ses cheffes de cuisiner plus de douze mille cinq cents plats à partir de produits invendus pour les donner aux plus démunis. « Cela a permis aux Mamas d'avoir une indemnité et de continuer à subvenir à leurs besoins », explique Loubna Ksibi. La crise du Covid va cependant changer l'orthodoxie budgétaire des fondateurs jusque-là autosuffisants. Meet My Mama doit trouver d'autres relais de croissance et, pour la première fois en 2021, ouvre son capital pour accélérer.

Avec une marque déjà reconnue, Meet My Mama décide donc de lever 1,8 million d'euros pour renforcer ses équipes. Elle doit investir dans sa plateforme et des outils technologiques comme l'application pour les « Mamas » afin de gérer leurs prestations ou l'interface avec les clients. Très attendue sur le terrain, la société veut aussi s'implanter dans d'autres villes en France et à l'international.

Pari tenu. La jeune entreprise lève d'entrée de jeu 1,5 million d'euros. Convaincu que la start-up peut devenir le modèle de référence de la « *food for good* », le *family office* Aube Management entre dans l'aventure. Le fonds d'investissement spécialisé dans l'impact et l'alimentation responsable, Astanor Ventures, choisit, lui aussi, de les accompagner après avoir investi dans Ÿnsect, La Ruche qui dit oui ou encore Garten. Dans la foulée, les fondateurs de Meet My Mama ouvrent un crowdfunding via la plateforme de financement participatif Lita.co pour ouvrir le tour de table plus largement et associent une trentaine de « Mamas » au capital.

**⁎ 5e conseil : agrandir ses territoires**

L'opération réussie leur permet de s'implanter à Marseille, à l'Épopée, dans le quartier de Sainte-Marthe (14e) et d'ouvrir en septembre 2022 son service traiteur et son école de formation. C'est alors Youssef Oudahman, le troisième cofondateur, qui pilote l'opération. Prochaines villes visées : Lyon, Lille et Bordeaux. La jeune start-up a pour cela lancé une deuxième levée de fonds de sept cent mille euros en 2022.

## L'essentiel

- S'associer sur des valeurs communes
- Faire grandir sa communauté vers l'indépendance
- Multiplier ses interventions sur le territoire

# Construire une nouvelle filière autour des biodéchets

## Lucile Noury, Green Creative (CleanTech)

« Déjà enfant, je ne rêvais que d'une chose... travailler avec les camions poubelles », affirme en riant Lucile Noury. Aujourd'hui elle co-dirige Green Creative, une start-up de pointe dans le domaine des biodéchets, dont les machines, produites en France à Sucy-en-Brie, ont déjà été adoptées par de nombreux méthaniseurs. Les bioressources sont une filière en pleine explosion : les besoins en déchets agricoles, huiles usagées et autres produits issus des animaux viennent se substituer aux matériaux fossiles pour économiser de l'énergie ou sauver le climat. Green Creative vient surfer sur la vague en révolutionnant les méthodes de déconditionnement des biodéchets, de création de biogaz et de fertilisation des sols.

### ✶ 1er conseil : prendre des risques pour se faire plaisir

Depuis 2020, mère d'une petite fille, Lucile Noury a longtemps été « le seul garçon manqué » d'une famille de quatre sœurs. Cette scientifique devient une des rares femmes ingénieures « gatzarts », comme s'appellent les diplômés de la célèbre École des Arts et Métiers. « On était dix filles sur cent soixante étudiants », s'amuse-t-elle. Fidèle à son esprit inventeur et pratique, elle choisit l'ingénierie mécanique comme spécialité. En fin d'études après plusieurs stages dans des groupes d'aéronautique, puis un semestre de césure en Chine où elle « apprend à négocier », elle décide que les grands groupes ne sont pas faits pour elle. « Trop de réunions, trop de micro-problèmes, pas assez de vision globale ; et je voulais un job qui ait du sens », résume-t-elle.

Lucile Noury s'est déjà frottée à l'univers des start-up, à travers une première expérience dans une jeune pousse en stage de fin d'étude et y a pris goût. Sur un coup de cœur, à côté d'un job alimentaire, elle décide de rejoindre à temps partiel, le soir et le week-end, une jeune société qui a développé un module de déconditionnement de biodéchets, Green Creative. L'innovation conçue au sein du laboratoire des Arts et Métiers fait l'objet d'un brevet, mis au point par Rémi Gomez, fondateur de Green Creative, pour répondre à un besoin spécifique de l'industrie cosmétique. Encore peu conscients de la concurrence et de la nécessité d'une dynamique commerciale, les deux ingénieurs sont persuadés que leur nouveau produit va s'arracher, jusqu'à une rencontre, décisive, avec un chef d'entreprise plus réaliste. « Il nous a qualifiés de rats de laboratoires, incapables de prendre des risques », se souvient Lucile Noury qui comprend soudain la nécessité pour la société de s'organiser sur le plan financier et commercial pour passer à la vitesse supérieure. « Sa remarque a agi comme un déclic. » Désormais associés, les deux ingénieurs contractent un premier prêt bancaire et réfléchissent à la stratégie à cinq ans pour lancer la société et la recherche de fonds.

**⁎ 2e conseil : s'appuyer sur un brevet**

Le brevet, Flexidry, porte à l'origine sur un module de perforation et de désemballage du packaging. Il a d'abord été mis au point par Rémi Gomez pour des flacons de shampoings d'une usine de Procter & Gamble à Blois afin d'arrêter l'incinération et de protéger la marque par une action écoresponsable visible. À deux, ils vont alors développer des applications pour les biodéchets et participer à la création d'une vraie filière.

« Il n'y avait aucune solution satisfaisante de recyclage des bioressources sur le marché », explique Lucile Noury. Au-delà des bénéfices économiques et environnementaux évidents, une meilleure utilisation des ressources locales est un sujet d'économie circulaire qui la passionne. Elle y voit la perspective d'une filière vitale.

Grâce à une technologie inédite, Flexidry permet de séparer les biodéchets, les contenus de leur contenant, sans broyage et sans eau. Sauvés de l'incinération ou de l'enfouissement, les biodéchets provenant de la consommation des ménages, de la restauration ou des supermarchés, sont transformés en bioressources sous la forme d'une soupe organique : celle-ci va aller alimenter directement le méthaniseur (production de biogaz) et le digestat « très pur » pourra alors être utilisé par les agriculteurs pour un retour au sol vertueux et de qualité.

Lucile Noury qui a quitté son job au sein du laboratoire décide de faire en 2013 un master d'entrepreneuse à HEC, trois jours par mois, en parallèle de la création de la société. Green Creative obtient alors un prêt de cent mille euros de BpiFrance pour concevoir un premier prototype d'une machine pour Veolia. La start-up intègre également un incubateur Gare du Nord, dans les locaux de Paris & Co. « Créer une start-up industrielle, c'est beaucoup plus difficile et complexe qu'une société de services », va apprendre la présidente de Green Creative. Tester les machines, apporter des correctifs, répondre à la demande des industriels, innover et anticiper sur la demande, trouver des locaux pour une usine, cela prend du temps. Green Creative qui a déjà vendu quelques machines attend 2016 pour faire une première levée de fonds de deux millions d'euros auprès d'un acteur de la finance responsable, Alter Equity, dirigé par Fanny Picard.

### ✶ 3e conseil : comprendre la chaîne de valeur complète du secteur et pas uniquement du produit

Entre-temps, la start-up est servie par l'actualité. Le gouvernement met en place une réglementation spécifique sur l'obligation de recyclage imposée à toute l'industrie agroalimentaire. « On a dû structurer notre vision et réfléchir sur la chaîne de valeur ». Jusque-là, Green Creative comptait, pour ses débouchés, sur la grande distribution et les restaurants, ou sur les groupes alimentaires comme Nestlé ou Danone. « Mais on s'est aperçu que nous étions trop petits. Nous n'avions pas la crédibilité des groupes de traitement de déchets comme Veolia et Suez qui offraient une collecte par zone et des solutions clés en mains ».

### ⁎ 4ᵉ conseil : changer de cible pour s'adapter aux besoins du marché

Lucile Noury et son cofondateur ont alors l'idée d'aller voir le dernier maillon de la chaîne, les agriculteurs et les méthaniseurs. En vrais entrepreneurs, ces acteurs ont besoin de se diversifier en misant sur le biogaz, mais ils souhaitent à tout prix maîtriser dans le même temps la qualité du retour au sol, donc limiter les risques de pollution par des microplastiques.

Green Creative a deux atouts à faire valoir. « Flexidry permet de réduire le transport de déchets avec un modèle local de collecte grâce à des machines de petit tonnage (cinq à dix mille tonnes) et surtout propose une qualité de soupe organique inégalée sur le marché. » Les deux arguments font mouche. En 2022, Green Creative a équipé plus de quarante sites pour des prestataires de déchets, des familles d'agriculteurs ou des méthaniseurs. Concepteur et industriel français, Green Creative qui a installé une usine à Sucy-en-Brie en est en 2022 à la troisième génération de ses machines. « On ne fabrique pas les pièces. On assemble les différents éléments sur place » tient à préciser la fondatrice de la start-up. Elle a dû, pour ses développements, procéder à des prêts bancaires, auprès de son partenaire historique essentiellement, et exporte ses machines aujourd'hui dans de nombreux pays : en Pologne, en Suisse, en Lituanie et même en Australie.

### ⁎ 5ᵉ conseil : se recentrer et être résiliente

Rentable en 2022, avec un chiffre d'affaires de 4,3 millions d'euros et un Ebitda de 13 %[5], la société a failli cependant mourir à plusieurs reprises. « Nous avons dû prendre des décisions difficiles. » Malgré un carnet de commandes plein au sortir du salon du CES (*Consumer*

5. Excédent brut d'exploitation, c'est-à-dire bénéfice avant intérêts, impôts, dépréciation et amortissement.

*Electronics Show*) à Las Vegas, Green Creative choisit d'arrêter un produit, un petit robot de tri qui avait de nombreuses marques d'intérêt. « Il nous empêchait de nous développer proprement sur notre premier produit, le Flexidry, notre cœur de cible », tranche Lucile Noury qui avoue avoir eu du mal à stopper la ligne de production, contre l'avis de certains actionnaires, mais avec l'appui de son associé. La jeune société doit alors faire basculer une partie de ses salariés sur la production de sa machine phare pour recentrer la société. « C'est comme se couper un bras pour survivre. »

**✶ 6e conseil : bien s'entourer sans se laisser parasiter**

Aussi paradoxal que cela puisse paraître, Lucile Noury invite à réfléchir à l'accompagnement de ses investisseurs. « Ils n'ont pas toujours les équipes pour faire un suivi pointu », note-t-elle et les intérêts ne sont pas toujours alignés. Autre défaut : « Les banques et les fonds adorent que vous soyez visibles », au détriment du business. Poussée à être « hypermédiatisée », elle a ainsi appris à relativiser les succès d'estime. « Il faut parfois faire confiance à son instinct... et aux chiffres réels des courbes de ventes. »

Sûre du caractère innovant de cette filière de bioressources, Green Creative a publié en 2022 un livre blanc qui reprend les dix points clés sur le déconditionnement de biodéchets. En 2023, avec un carnet de commandes plein, « pour la première fois, on respire », avoue la présidente de Green Creative. Cependant, elle envisage déjà une levée de fonds d'ici un an pour se développer sur de nouveaux marchés.

## L'essentiel

- Tester son idée sur plusieurs cibles
- Miser sur la création d'une nouvelle filière
- Savoir se recentrer au besoin, malgré les conseils extérieurs

## « Se mobiliser pour les femmes »

### Marie Eloy, Bouge ta Boîte, Bouge ton Groupe et Femmes des Territoires (HRTech)

Ancienne journaliste à RFI, revenue vivre en Bretagne, Marie Eloy a traversé, comme beaucoup, les difficultés d'une « maman chômeuse » – à l'époque en solo – avec deux enfants. Son premier projet en 2011 est ainsi pour sa fille : créer dans son village (Larmor-Baden) une école alternative, qu'elle gère bénévolement. « Le mardi, on collait des affiches, le jeudi, nous avions obtenu un local, le dimanche soir des enseignants et un budget : nous avons pu ouvrir en septembre notre école Montessori. »

**⁕ 1^er^ conseil : savoir se faire confiance et oser se lancer**

« Quand on est sûre de son projet, et qu'il fait sens, dès que vous commencez à semer des graines, vous y arrivez. S'il y a trop de blocages, il faut savoir remettre en question certains points. »

La création de cette école qui mobilise des jeunes mères lui apprend la force d'un réseau de femmes orienté sur un objectif particulier. Ce pouvoir « phénoménal » de l'action collective lui inspire sa première aventure d'entrepreneuse trois ans plus tard : le réseau « Femmes de Bretagne » va naître en 2014 de cette intuition. Son ambition ? Mettre en lien toutes les femmes pour soutenir l'entrepreneuriat féminin, s'entraider et partager les compétences, qu'elles soient porteuses de projet, entrepreneuses ou bretonnes solidaires.

« L'école de Larmor Baden m'avait montré qu'en semant une graine, on peut avoir un réel impact autour de soi, note Marie Eloy. J'ai trouvé des fonds et des subventions auprès d'une banque, de la Région, de la Caisse des Dépôts et d'autres partenaires comme

Initiative Bretagne. » Le modèle économique du réseau dont elle est longtemps seule salariée, repose alors sur le mécénat. « L'adhésion des membres au réseau est très faible, soixante euros par an pour que tout le monde puisse en bénéficier. »

**✶ 2e conseil : miser sur le collectif pour avancer**

C'est en 2017, trois ans après avoir créé Femmes de Bretagne, puis son extension nationale, Femmes des Territoires, cocréée avec la Fondation Entreprendre, que Marie Eloy lance un premier réseau de business au féminin pour les entrepreneuses déjà en activité sous le nom de Bouge ta Boîte (BTB !), « un réseau de neurones et d'énergie ». C'est ainsi qu'une des membres l'a récemment qualifié.

« Ensemble, nous trouvons des solutions et avançons », tel est son leitmotiv. « Il faut savoir s'entourer, déléguer, faire confiance, c'est la clé de toutes les réussites. » Sur cette conviction, elle construit deux grands collectifs, mais distingue bien ses casquettes et ses deux créations : Bouge ta Boîte est un vrai réseau business pour les TPE déjà en activité pour leur faire gagner en chiffres d'affaires et en stratégie ; Femmes des Territoires et sa petite sœur Femmes de Bretagne sont des réseaux d'entraide et de création d'entreprise ouverts à toutes les femmes, peu importe leur statut ou leur fonction.

Ses réussites ont donné à cette Bretonne surdouée un formidable élan pour défendre le rôle des femmes dans l'économie et une vraie légitimité pour partager ses conseils sur la création d'entreprise.

**✶ 3e conseil : vivre chaque étape comme un challenge à relever**

Le réseau connaît un tel succès qu'elle est nommée en 2015 « Entrepreneure de l'année » dans l'Ouest par le cabinet d'audit EY pour son engagement sociétal, ce qui lui donne une formidable visibilité. Marie Eloy envisage alors d'aller plus loin et de lancer en 2016 une entreprise, Bouge ta Boîte, pour aider au développement des TPE car « il n'existait pas de réseau business au féminin à l'époque ».

Changement de statut : elle crée une SAS. Pour elle, c'est un vrai saut qualitatif.

« Mon ambition était de vivre tous les obstacles qu'une femme peut rencontrer en création d'entreprise pour pouvoir ensuite les lever. J'ai fait tout le cheminement possible de la création d'une entreprise, pas à pas, pour vivre chacune des étapes. Je ne pouvais pas bien soutenir les autres sans l'avoir vécu moi-même. Dès le départ, je voulais pouvoir prélever un salaire et avoir une équipe. J'ai créé pour cela un business model par abonnements individuels et annuels, puis réalisé des emprunts bancaires. J'ai compris qu'il fallait que je me confronte à la réalité à mon tour et que je me lance. »

**✱ 4e conseil : créer un comité stratégique**

Trois investisseurs qui avaient suivi l'aventure Femmes de Bretagne financent son premier tour de table. Gonzague de Blignières, cofondateur de Raise, et Frédéric Lescure, patron de Socomore, mettent les premiers tickets. L'entrepreneur à succès, Guillaume Richard, président de Oui Care et leader du service à la personne, met trois cent mille euros pour finaliser la première levée. « Ils étaient dans mon comité stratégique et m'ont soutenue : c'est très important pour toute jeune pousse de créer un comité stratégique pour puiser conseils et ressources. » Elle encourage ainsi toutes les créatrices de start-up à se lancer mais en étant accompagnées ! « Par un réseau, par un cabinet, par une CCI, peu importe, mais jamais seule. L'accompagnement est vraiment essentiel. »

Avec quatre cent mille euros en poche au total pour réaliser la « preuve du concept », Marie Eloy lance le réseau Bouge ta Boîte dans toute la France avec la certitude qu'elle vient combler un besoin crucial auprès des jeunes entrepreneurs. Selon une étude de France Active en 2017, 79 % des femmes créent en effet leur entreprise sans financement, avec seulement leurs économies ou celles de leurs proches. Marie Eloy encourage au contraire à savoir emprunter « parce qu'en France, il existe des outils extraordinaires pour les créatrices d'entreprise ». Cette politique de petits pas permet, selon elle, de gagner à la fois en crédibilité, en expertise et en sécurité : en cumulant un prêt d'honneur, puis un prêt bancaire, une garantie bancaire, un prix…

**⁎ 5e conseil : jouer de tous les leviers financiers**

Ainsi, elle a pu bénéficier elle-même de la garantie égalité femmes (ex-FGIF) qui couvre jusqu'à 80 % du prêt d'une entrepreneuse. « Si vous empruntez dix mille euros et que vous échouez, 80 % de ces dix mille euros sont pris en charge par la garantie : ce n'est pas exactement comme si vous assurez seule, sur vos économies, le risque de l'échec. » Et quand on obtient des prêts bancaires, les investisseurs importants vous font davantage confiance. C'est la politique de leviers financiers.

« Avec Bouge ta Boîte, on fédère celles qui sont dans la dynamique de faire grandir leur entreprise. En France, il y a plus de cinq cents réseaux féminins et à l'époque, pas de réseaux business à proprement parler ! Nous sommes très fortes pour l'entraide. Cependant, il faut aussi en vivre et avoir de l'impact. Nous avons le sentiment de briser nos "valeurs morales" en parlant d'argent. Pourtant, business et sens sont compatibles. »

Comme Bouge ta Boîte grandit, la jeune pousse réalise une deuxième levée de fonds en 2018 d'1,2 million d'euros. Malgré le soutien des trois investisseurs, Marie Eloy connaît le même parcours du combattant que toute créatrice de start-up.

La jeune entrepreneuse apprend à pitcher (présenter son projet rapidement) dans un milieu d'affaires très masculin dont elle n'a pas forcément les codes : « Peux-tu me donner les *term sheets* (modalités d'accord) ? Quel est ton taux de *churn* (taux de désabonnement) ? » Au début, c'est la découverte d'un nouveau monde, dont il faut apprendre le vocabulaire. Elle note aussi des biais dissuasifs chez certains membres de comités de sélection : « Quand je présentais mon projet, je me heurtais parfois à une humiliante présomption d'incompétence. Clairement, il y a des préjugés dans la façon d'évaluer les dossiers présentés par des femmes. »

En tout, elle présente son dossier une centaine de fois avant de boucler son second tour de table auprès d'institutionnels et de groupes privés, BNP Paribas Développement, Breizh Up, SofiOuest, et de *business angels*. Dans la foulée, Bouge ta Boîte inaugure en 2019 son « Tour de France » des régions, emmené par Marie Eloy et Julie Bodin, la nouvelle directrice du réseau : une vraie caravane de l'entrepreneuriat au féminin, en onze étapes, avec rencontres, ateliers et conférences… Depuis, Bouge ta Boîte organise plus de cinq mille réunions par an dans cent vingt villes.

Pour les porteuses de projets, Marie Eloy franchit un pas de plus en cofondant en 2019 Femmes de Territoires. « Mon rêve était que l'entraide des femmes puisse rayonner bien au-delà de ma région », dit-elle. Son objectif est d'enraciner l'économie localement, de favoriser la mise en lien des membres du réseau et de les aider tout simplement à créer ensemble des entreprises. L'entraide, le partage des compétences et les échanges entre les entrepreneuses vont impliquer alors pour le nouveau réseau de pouvoir s'appuyer sur une plateforme numérique fiable.

### ⁎ 6ᵉ conseil : créer des communautés régionales autour d'un concept

Pour concrétiser cette ambition, Marie Eloy et la déléguée générale de Femmes des Territoires, Céline André, soumettent leur idée lors d'un appel à projet auprès de la Fondation Entreprendre dont la présidente Blandine Mulliez va s'avérer une alliée convaincue car elle connaît bien le sujet. « Une étude commandée à Opinion Way en 2016 identifiait déjà les obstacles rencontrés par les femmes pour entreprendre. La peur de l'isolement, de l'endettement et la conciliation vie privée/vie professionnelle. »

Leur convergence de vues, soutenue par le financement d'Axa, donne naissance à une plateforme nationale Femmes des Territoires, un réseau digital et physique qui offre à toutes les femmes porteuses de projets, salariées ou entrepreneuses la possibilité de s'intégrer directement dans une communauté régionale, puis locale. « Le curseur kilométrique permet de voir les autres porteuses de projet et les événements près de chez soi », détaille Marie Eloy.

Femmes des Territoires est devenu un puissant réseau. En 2022, ce sont dix mille femmes qui ont pu être accompagnées à travers, notamment, sept cents ateliers par an.

Dernière création en date pour cette boulimique de l'entraide : Bouge ton Groupe innove avec des solutions de formations pour les entreprises qui accompagnent les femmes dans le développement de leurs carrières et qui favorisent l'égalité professionnelle. Habituée du surf et des vagues, Marie Eloy ne s'arrêtera sans doute pas là : il lui reste, dans les prochaines années, à faire monter en puissance et en solidarité ces incroyables moteurs de l'entrepreneuriat. « Et pourtant, prétend-elle, je n'y connaissais rien ! »

## L'essentiel

- Se trouver des alliés pour avancer
- Créer un comité stratégique
- Démultiplier le projet pour atteindre de nouvelles cibles

# S'imposer face aux mastodontes du marché de la maintenance

## Jade Francine, WeMaintain (PropTech)

Avec ses deux cofondateurs, Jade Francine est en train de créer, à 34 ans, un challenger sérieux sur le secteur peu attractif, a priori, de la maintenance d'ascenseurs. Créée en 2017, sa start-up WeMaintain a réalisé en 2021 une troisième levée de fonds : trente millions d'euros pour attaquer de nouveaux marchés sur la maintenance d'équipements immobiliers et s'ouvrir à de nouveaux pays. « L'idée est de s'installer dans la durée, pas de créer pour revendre aussitôt », souligne cette entrepreneuse engagée.

De ses multiples voyages, Jade Francine a un vrai goût pour l'aventure hors norme. Elle a lancé WeMaintain avec ses deux cofondateurs, Benoît Dupont et Tristan Foureur il y a maintenant plus de cinq ans, à la fois en France et à Singapour. Elle est en poste à Shanghai en 2014 en tant que juriste dans un cabinet d'avocats d'affaires pour boucler un master de droit chinois (LLM) et des études à Sciences Po Lille quand elle découvre l'entrepreneuriat. Elle conseille en effet des start-up et se laisse porter par cette vague dynamique de la French Tech qui attire les jeunes talents.

Mais sur quel marché se lancer ? L'idée surgit dans une discussion avec un expatrié comme elle, Benoît Dupont, qui est depuis onze ans chez un grand ascensoriste, Otis, dont huit en Chine. « Je n'y connaissais rien, mais j'ai été fascinée par le récit de Benoît sur le secteur », dit Jade Francine. Ce marché qui touche les équipements techniques immobiliers pèse cent milliards d'euros dans le monde, mais il reste aux mains de quelques acteurs, remarquent-ils.

Fort d'un MBA à Harvard, Benoît Dupont a noté la frustration chez les techniciens comme chez les clients face à une organisation de la maintenance chronophage et inefficace. « La concurrence est faible, donc il y a peu d'innovation », souligne Jade Francine. Réinventer le secteur de la maintenance des ascenseurs, monopolisé par une poignée de constructeurs, voilà le pari. Ensemble ils décident de créer un nouveau modèle, plus social, plus fluide, en se fondant sur la Tech. Avec deux objectifs : rendre plus autonomes les techniciens et les équiper de suffisamment de technologie pour remonter des informations en direct aux clients, en toute transparence. Dès le début, ils pensent à la possibilité d'étendre ce modèle sur d'autres équipements dans le bâtiment.

**⁎ 1er conseil : trouver un bon CTO**

« L'ascenseur est le moyen de transport le plus utilisé au monde, rappelle Jade Francine. Il transporte à Paris deux fois plus de gens que le métro et le RER réunis. » Le projet de WeMaintain, c'est de faire de la maintenance une vraie valeur ajoutée pour tous les acteurs. Leur projet est de permettre aux clients (groupes immobiliers, foncières, syndics) d'avoir accès, grâce à la technologie, aux opérations réalisées par les techniciens de la maintenance et aux informations collectées par les capteurs installés sur les équipements. Gains assurés en autonomie et en efficacité. Le premier pari pour WeMaintain est donc d'abord de créer une plateforme qui soit une vraie interface. « Il fallait trouver un CTO (*Chief Technological Officer*). Et un bon ! », reconnaît Jade Francine. C'est à Bangalore, où le tandem s'est rendu pour poser la première brique technologique du projet, qu'il va le dénicher. « Un ami d'ami » leur est présenté : Tristan Foureur qui a fait ses classes en Angleterre, en Californie et en Inde coche toutes les cases. L'aventure est lancée. Mais dans quel pays démarrer ? « Benoît a passé huit ans en Chine, j'ai travaillé en Chine et au Bangalore, Tristan en Inde et en Californie. Mais nous avons choisi la France à cause de l'engouement créé par la French Tech bien sûr, mais aussi parce que le marché de la maintenance y est très réglementé et donc peu accessible. Si le test marchait, on savait pouvoir ouvrir toutes les autres portes. »

En novembre 2017, WeMaintain emploie trois personnes et veut lancer sa première levée de fonds : elle doit investir sur sa plateforme, mais aussi équiper les appareils de capteurs. Objectif : recueillir des données et faire de la maintenance prédictive. « C'est un *family office* qui nous a fait confiance le premier, au moment où nous commencions à désespérer, en mettant cinq cent mille euros sur la table », détaille Jade Francine. « Et nous avons pu dès lors convaincre d'autres investisseurs ». En fin d'année, la start-up rejoint l'écosystème de l'incubateur The Family à Paris.

Après quelques moments de recherche difficiles à l'automne, WeMaintain boucle en janvier 2018 sa première levée de fonds, 1,8 million d'euros auprès de *business angels* et de *family offices*.

### ⁎ 2e conseil : être alignés avec ses cofondateurs sur les valeurs et la vision

D'entrée de jeu, le trio a réparti les rôles. Jade Francine est COO (*Chief Operation Officer*) et s'investit dans le développement commercial, les RH, le marketing, tout en portant les couleurs de la société dans les médias ; Benoît Dupont s'occupe du développement de nouveaux marchés et de la finance ; et Tristan Fourreur de l'innovation technologique. Mais ils sont alignés sur le même objectif et partagent les mêmes valeurs : « C'est le plus important », affirme Jade Francine. Ils « pitchent » ensemble tous les trois et remportent de francs succès : ils gagnent notamment les concours de BFM Académie, du Mipim (le salon international de l'immobilier) ou encore le concours international de start-up de Harvard Business School…

La formule innovante séduit d'emblée les gestionnaires d'actifs fonciers et les grands groupes comme BNP Paribas, Nexity, la SNCF, propriétaires ou exploitants d'immobilier de bureaux, et leur adhésion va donner un signal fort au marché. WeMaintain se prévaut de réduire les taux de panne de 70 %. Le propriétaire reçoit en direct des informations du technicien après chaque intervention, sur une plateforme dédiée qui l'informe de l'état des équipements. Avec des ascenseurs équipés de capteurs connectés, la maintenance est par ailleurs guidée par de la data prédictible. Le propriétaire peut ainsi avoir une vue d'ensemble des actifs immobiliers pour mieux anticiper sur les budgets à venir. Ce qui leur plaît ? « Ils gagnent en visibilité sur les coûts grâce à la data et à un technicien dédié, plus disponible désormais pour la réparation des ascenseurs », dit Jade Francine sans hésiter. « Pour nos clients, la facture baisse de 15 à 20 %. »

Les techniciens, eux, gagnent en temps et en confort, ils choisissent leur zone géographique, avec une programmation et une récurrence de leurs interventions laissées à leur main, guidées par la data.

### ✶ 3e conseil : apprendre à composer avec la réalité et savoir différer ses combats personnels

« Aujourd'hui, nos deux cents collaborateurs sont tous associés au capital : leur motivation est donc plus importante », note Jade Francine en janvier 2023, fière de la culture d'entreprise développée par la start-up. Et parmi ses grands principes, elle plaide pour une plus grande mixité dans un monde très masculin : « Introduire de la mixité, sociale, ethnique ou de genre permet de ne pas vivre en silo, de rester ouverts », dit la jeune dirigeante qui préfère réussir avec « une équipe diverse ». « Il y a des combats qu'il faut mener et d'autres qu'il faut laisser de côté pour se concentrer sur l'essentiel », reconnaît la jeune manager qui a dû apprendre à accepter la réalité. « La parité, on n'y est pas encore. »

En 2019, sûre de son modèle, la start-up lève sept millions d'euros auprès d'Eurazeo, Raise Ventures et La Financière Saint James. Elle veut se déployer à l'international et s'implante à Londres en janvier 2020, en pleine période de Covid. En deux ans, elle accélère, triplant son chiffre d'affaires, et change de braquet. WeMaintain devient un vrai challenger du marché qui peut compter près de cent cinquante groupes clients.

**⁎ 4e conseil : valoriser la Tech**

Forte de ses succès, WeMaintain décide d'élargir aussi sa gamme de prestations. Elle rachète la société Shokly en février 2021, experte dans la maintenance des systèmes de sécurité incendie. Tout comme WeMaintain, Shokly a conçu un capteur connecté en 4G afin de suivre les équipements à distance et en temps réel, et d'en faire bénéficier le technicien sur une application dédiée. Bien sûr, la fusion des deux sociétés permet de répondre à la demande des clients de créer une seule application pour un suivi global et une plus grande réactivité.

WeMaintain aborde une nouvelle étape et change d'échelle. Elle veut se positionner comme une solution de bout en bout pour la maintenance des équipements critiques du bâtiment : sécurité incendie, portes, ascenseurs…

Avec un tel appétit, la société a dû procéder en juin 2021 à une troisième levée de fonds de trente millions auprès de ses actionnaires historiques mais aussi de Red River West BPI Digital Ventures et Swiss Immo Lab. « Il y aura une restructuration du marché et on veut y participer », affirme Jade Francine sur sa belle lancée.

**⁎ 5e conseil : garder l'impact social en tête**

Mais si elle est heureuse d'avoir conquis de nouveaux appels d'offres, sa plus grande fierté est d'avoir obtenu pour WeMaintain, le label B-Corp, y travaillant avec son équipe. Le label B-Corp est une certification octroyée aux sociétés qui répondent à des exigences sociétales et environnementales, mais aussi de gouvernance et de transparence envers le public. « Ce n'est pas une figure de style, c'est notre souhait de casser les codes sur ce marché. L'impact social est notre premier moteur. »

## L'essentiel

- Choisir sans peur de disrupter un marché
- Dessiner un projet à fort impact social
- Associer ses collaborateurs au capital

## « Saisir les opportunités »

### Chloé Clair, NamR (GreenTech)

Est-il possible de prédire pour tous les bâtiments de France les besoins en rénovation énergétique et de les programmer de façon optimale ? C'est le pari de NamR, une start-up inspirée par l'intelligence artificielle (IA) : dotée d'un logiciel unique, elle est capable de faire de la data prédictive sur les trente-quatre millions de bâtiments répertoriés dans sa base en France. NamR valorise ainsi la donnée au service de la transition écologique de ses clients : du diagnostic à l'accompagnement sur la rénovation énergétique, avec les solutions les plus adaptées, selon les réglementations en cours. Un bijou qui n'a pas échappé en 2020 au regard de Chloé Clair, cadre engagé et experte en immobilier.

Sur un coup de cœur, la Polytechnicienne démissionne à 40 ans de son poste de directrice de la technologie chez Vinci et s'impose comme CEO de NamR. Elle en prend les rênes avec la promesse de faire décoller la plateforme. Forte d'un double cursus d'ingénieure X-Ponts et d'architecte, Chloé Clair était pourtant plutôt partie pour naviguer dans des groupes du CAC 40. Directrice de projet chez Bouygues pendant dix ans, CTO (*Chief Technical Officer*) chez Vinci, elle a cumulé une quinzaine d'années d'expérience qui lui donne toutes les chances de postuler au Comex des grands groupes mondiaux du bâtiment.

Chloé Clair sort cependant d'un gros pépin de santé. Un temps pour s'interroger sur les prochaines étapes de son parcours. Elle hésite. Elle met en balance son besoin de retrouver du sens dans son travail et sa carrière brillante déjà toute tracée. Son mari vient de rejoindre une start-up : pourquoi pas elle ?

#### ✶ 1er conseil : se former

En charge de la transformation digitale de Vinci Construction, elle décide d'abord de se former à l'intelligence artificielle afin de mieux appréhender les projets à imaginer. « Je ne connaissais rien à la DeepTech », reconnaît tranquillement Chloé Clair. « Comprendre les enjeux technologiques sous-jacents à nos métiers et aux solutions proposées, ce n'est pas difficile, mais cela nécessite un peu de curiosité. Le mieux est de prendre du temps pour se former. »

Convaincue que la Tech peut apporter une contribution active à la transition écologique, elle commence par combler ses lacunes sur les technologies cognitives. Elle suit cent soixante heures de formation sur l'IA et le *machine learning* (algorithmes d'apprentissage automatiques), dispensées au sein d'un master à l'X, dans son ancienne école. « Pour saisir les opportunités, il est vital de comprendre les diverses transitions en cours », explique-t-elle.

Fascinée par ce nouveau champ d'expérience de l'IA, elle prospecte en parallèle pour chercher des entreprises innovantes qui pourraient répondre aux enjeux écologiques dans la construction. Jusqu'à son coup de foudre pour NamR. « Ce n'était pas prémédité, dit-elle, il s'agit plutôt d'une rencontre. J'ai voulu saisir la chance. »

« Avec mon expérience, la transformation énergétique des bâtiments, c'était une évidence pour moi. » Chloé Clair a pu mesurer immédiatement les perspectives de croissance de la start-up. Elle est sidérée par le potentiel du logiciel de NamR. Alors que la R&D est déjà très avancée, « NamR n'avait ni produit, ni service affiché et n'avait pas encore décollé du point de vue commercial ».

Sur un coup de cœur, elle propose à Gregory Labrousse, cofondateur et président du conseil d'administration de NamR, et à son associé Emmanuel Bacry, de rentrer dans la société. « Ils ont accepté sans hésiter. » Chloé Clair devient alors la CEO de NamR et se lance sans regret sur un projet entrepreneurial « formidable » en pleine crise sanitaire.

### ✶ 2e conseil : s'assumer comme leader

« Je me suis beaucoup nourrie à cette époque d'avis et de conseils auprès de diverses relations qui baignaient déjà dans la Tech et j'ai écouté un grand nombre de podcasts inspirants sur la Tech et la réussite des femmes entrepreneuses. » Un passage nécessaire, mais elle est toutefois vite rattrapée par les questions opérationnelles : en effet, elle doit s'atteler aussitôt à la consolidation financière de la société après trois ans d'investissements en recherche et développement (R&D).

En quelques semaines, la jeune CEO trouve des prêts auprès de BpiFrance et de banques, grâce aux PGE (prêts garantis par l'État). Avec ses outils de pilotage inédits sur la transition écologique et son traitement unique de données, NamR a le vent en poupe et collectionne les prix : elle est notamment lauréate de La French Tech – Green20, le programme d'accompagnement du gouvernement français pour des start-up GreenTech jugées prometteuses. La société commence aussi à engranger ses premiers contrats avec des groupes fonciers et des propriétaires : elle les aide à une meilleure performance énergétique via des actions ciblées et des mesures précises.

### ✶ 3e conseil : oser l'introduction en Bourse en alternative aux levées de fonds classiques

Sous l'impulsion de sa nouvelle directrice générale, la start-up commence à signer également ses premiers contrats de licence, mais sans combler pour autant son besoin crucial en cash. Avec une équipe de quarante personnes à rémunérer, Chloé Clair prend alors rapidement une décision radicale avec ses associés. « On a choisi de voir grand et de lever huit millions d'euros en Bourse, explique-t-elle. Cela a été une période de stress intense, mais on a réussi le test. » NamR fait ainsi son entrée sur l'indice Euronext Growth le 15 juin 2021, tout juste six mois après son arrivée.

L'accueil réservé en Bourse à NamR va même dépasser leurs attentes, avec une demande globale de 19,5 millions d'euros de la part d'investisseurs institutionnels comme du grand public. Un appétit bien au-delà des prévisions. La levée de fonds donne de l'élan à la start-up. D'un coup, elle retrouve de la marge pour ses investissements dans la technologie comme pour son déploiement commercial en France et à l'international.

Depuis, la spécialiste de la data immobilière a connu quelques montagnes russes en Bourse. Début 2023, le titre a même perdu près de 71 % en dix-huit mois, soit 40 % de sa capitalisation boursière d'origine (onze millions d'euros). Mais en janvier 2023, NamR réussit une deuxième levée de fonds à la faveur d'une augmentation de capital de 4,7 millions d'euros. Au passage, deux actionnaires solides, la Société Générale et la Banque des Territoires, sont montés au capital et ont ouvert leurs carnets d'adresses à leur jeune protégée, renforçant ses perspectives.

**⁎ 4e conseil : évangéliser le marché pour l'agrandir**

Le partenariat avec ces deux groupes bancaires s'avère une aubaine. Les deux banques élargissent avec NamR leur gamme de services afin d'accompagner leurs clients – assureurs, banques, collectivités, ministères ou promoteurs – dans la transition énergétique et la rénovation de leurs bâtiments. Et elles n'hésitent pas à afficher leur soutien enthousiaste pour NamR qui acquiert ainsi une belle visibilité. « Nous en profitons pour ouvrir le marché car les problèmes soulevés sont encore très neufs pour les clients et ils n'ont donc pas encore de ligne budgétaire associée en interne. C'est un appel d'air pour une jeune société comme la nôtre », note Chloé Clair. « Les grands groupes ont besoin de solutions clés en mains. NamR s'appuie sur des informations en libre accès (*open data*), et donc déjà créées, qu'elle analyse pour évaluer et planifier des travaux. Elle permet à ses clients d'œuvrer de manière sobre et de gagner du temps. »

**⁎ 5e conseil : relever une faille du marché et changer les règles du jeu**

Alors que le parc immobilier français serait responsable de 40 % du total des émissions de $CO_2$ et doit être massivement rénové, NamR surfe sur la vague. Chloé Clair vise un plus grand ancrage en régions. « 4,8 millions de logements sont de véritables passoires thermiques, rappelle-t-elle. À lui seul, le bâti tertiaire représente un tiers de la consommation énergétique nationale. »

Pour relever le défi, Chloé Clair s'est lancée dans un nouveau combat. La jeune directrice de NamR plaide pour des contrats d'industrialisation avec la mise en place, comme aux États-Unis, de quotas pour les start-up et les entreprises innovantes. Elle défend ainsi une plus grande ouverture à l'écosystème de l'innovation dans les appels à projets publics. Elle cible en particulier ceux financés par le FTAP (Fonds de transformation de l'action publique) doté de sept cents millions d'euros sur cinq ans, ou encore les Projets de relance ou de l'industrie verte, lancés en juin 2023. « Nous voulons du chiffre d'affaires pour exister et poursuivre notre professionnalisation ; nous ne cherchons pas des subventions. »

Confiante aussi dans les perspectives à l'international, Chloé Clair ambitionne déjà pour NamR d'être le leader européen de la data environnementale autour des bâtiments. L'exploitation de la base de données selon la morphologie des bâtiments (matériaux, historique...) intervient en effet pour différents cas d'usage, pour répondre à l'impact des changements climatique et énergétique. Atout de taille : NamR peut cibler les meilleures solutions d'évolution et de rénovation, adaptées qui plus est à chaque nomenclature réglementaire et fiscale du pays ou de la région.

### ⁎ 6e conseil : conserver ses talents

Le seul frein à ces développements, pour Chloé Clair, le nerf de la guerre, ce sont les équipes. Avec déjà une cinquantaine de collaborateurs, NamR continue de recruter et de former des ingénieurs mais elle a aussi besoin de commerciaux comme de spécialistes produits, rares sur le marché. « À tout moment, nous perdons des personnes de valeur. On avance, on signe des contrats, et puis Google vient chasser parmi nos talents car nous ne pouvons pas nous aligner sur les salaires des GAFAM. »

Son principal défi aujourd'hui est donc de fidéliser ses équipes et de les embarquer dans l'aventure. « Nous misons sur nos valeurs pour les attirer et les retenir : nous mettons en avant le sens du collectif, la coconstruction de solutions innovantes, notre engagement environnemental et l'intérêt de nos solutions. Nous donnons du sens au travail de nos équipes et je crois que c'est ce qui peut faire la différence ! » Mais Chloé Clair reconnaît que l'enjeu est de taille. Elle a donc choisi de focaliser son temps et son énergie sur les managers et futurs managers de la jeune pousse.

## L'essentiel

* Osez quitter le salariat
* Se former à l'IA
* Capitaliser sur des alliances utiles

# Faire partager sa vision pour imposer un produit disruptif

## Sophie Cahen, Ganymed Robotics (BioTech)

Fondatrice en 2018 de la start-up Ganymed Robotics, Sophie Cahen vise l'excellence. De sa société technologique, spécialisée dans la robotique chirurgicale, elle veut faire un leader du secteur. Pour cela, elle a recueilli trente-six millions d'euros, début 2023, lors de ses levées de fonds. Le développement rapide de Ganymed Robotics a séduit les investisseurs et la communauté chirurgicale qui l'accompagne.

Sur sa page LinkedIn, Sophie Cahen se présente comme une « Européenne » quadrilingue. En réalité, cette Centralienne est un phénomène : elle croule à 35 ans sous les titres et les récompenses. Propulsée parmi les cent personnalités les plus influentes en 2022, à la Une de la très pointue revue quotidienne de la Tech en France, *Frenchweb.fr*, elle est saluée dans le petit monde de la BioTech pour la révolution robotique qu'elle promeut pour la chirurgie du futur. Personnalité qualifiée du plan gouvernemental France 2030, décorée de l'Ordre national du mérite, elle a obtenu en 2021 le prix de l'entrepreneuse de l'année aux Trophées des Femmes de l'industrie, organisés par l'Usine Nouvelle. Une surdouée, mais qui reste les pieds sur terre.

### ✶ 1er conseil : s'inspirer de rôles modèles

A priori, rien ne destinait cette super-matheuse à entrer dans le secteur de la santé. Bridgeuse, globe-trotteuse, elle a pour principale source d'inspiration les biographies de l'historienne Simone Bertière. « Nous avons besoin de rôles modèles. J'ai été fascinée par la vie de Marie Stuart et son intelligence des situations. Même si cela ne l'a pas empêchée de finir décapitée, ironise-t-elle, mais quelle volonté ! »

Ingénieure de formation, diplômée d'un master à Centrale Supélec, elle va mettre la même détermination dans son entreprise. Elle a d'abord un trajet de crabe riche et complexe, à travers trois continents, au gré de sa curiosité et de ses postes. « C'est plus fort que moi : je ne supporte pas l'immobilité et la stagnation », explique-t-elle. Elle finit par poser à nouveau ses bagages en France début 2018.

En réalité, la somme de ses expériences semble la rapprocher, pas à pas, de son futur choix d'entrepreneuse. En deuxième année de Centrale Supélec, elle s'offre un cursus en physique des matériaux à l'université de Cornell dans l'État de New York, puis en césure, elle fait un stage dans le très grand fonds de *private equity*, Astorg, avant de rejoindre l'université de Damas où elle perfectionne sa maîtrise de la langue arabe. De retour en France pour sa dernière année à Centrale Supélec, elle fait une incursion dans une majeure en Sciences de l'environnement et génie des procédés. Premier intérêt pour la mécanique appliquée au vivant.

*** 2e conseil : le goût du risque**

Tout juste diplômée ingénieure, elle va multiplier les activités, au Moyen-Orient et en Europe : deux ans en Jordanie à Amman, pour un projet de création d'un réseau de bus rapides ; puis en France et en Allemagne pour un cabinet de conseil en design complexe, Avencore, notamment auprès de l'aérospatiale. « Mon job était de repenser un produit ou un service pour l'améliorer. » Utile leçon quand elle va débarquer dans le monde de la santé ! Cependant, elle pense déjà à la suite et entame un MBA à l'INSEAD (Institut européen d'administration des affaires) en 2016 qui lui permettra d'envisager une création d'entreprise avec confiance.

La voilà fin prête à se jeter dans le grand bain ! Après un faux démarrage en 2016 sur un projet de chaînes de boutiques d'hôtels soutenu par l'INSEAD Venture Competition (un programme d'accompagnement pointu pour les jeunes pousses), puis deux ou trois autres jolis projets en devenir, elle revient à Paris en 2018 et commence à prospecter pour lancer une nouvelle start-up. « Le tâtonnement fait partie du processus de création », admet Sophie Cahen en souriant.

Le hasard la fait rencontrer des chirurgiens orthopédistes en panne d'outils technologiques de grande précision pour améliorer les opérations de prothèse du genou, avec une vision en 3D. En allant voir leurs pratiques au bloc opératoire, Sophie Cahen se passionne pour un sujet finalement proche de ses premières amours : la technologie et l'ingénierie. « J'avais vu dans l'aérospatiale la construction et la pose de pièces usinées et encastrées au micron près. Là, on était encore dans du semi-artisanat, alors que les opérations touchent au corps humain. » En quête d'une nouvelle aventure « qui ait du sens », elle a trouvé son terrain de jeu. « Les études d'ingénieur offrent une vraie liberté sur les choix de carrière car on sait que l'on retombera sur nos pieds », résume-t-elle sur son goût pour la prise de risque.

**⁎ 3e conseil : savoir s'entourer d'expertises diverses**

Sophie a 30 ans. En 2018, elle crée alors sa start-up, soutenue par deux personnalités de poids : l'ingénieur Bruno Maisonnier, fondateur d'Aldebaran Robotics, et le chirurgien orthopédiste lyonnais Michel Bonnin. L'ambition est forte : Ganymed Robotics veut développer une nouvelle génération de robots chirurgicaux plus petits, plus abordables et plus intuitifs que les précédents. Après une première levée de capital en 2018 avec ses cinq cofondateurs, et grâce à une enveloppe de sept cent cinquante mille euros, Ganymed Robotics dépose en 2019 son premier brevet, réalise un prototype et reçoit une pluie de récompenses (pas moins de cinq en un an !) pour la mise au point d'un robot assistant, équipé d'un système de vision en 3D. Une révolution.

En effet, jusqu'à présent les chirurgiens devaient insérer des tiges à l'intérieur de la cavité osseuse pour repérer les axes anatomiques du patient. « Imaginez ! dit Sophie Cahen, ce n'est ni facile, ni très rigoureux.

Avec notre logiciel, le chirurgien peut localiser sur des tissus rigides (en l'occurrence les os du fémur et du tibia), à la fois le positionnement et la structure des espaces anatomiques, d'une manière millimétrique, instantanée et sans contact. » L'information est communiquée au robot qui va guider le geste du chirurgien pour qu'il soit le moins invasif possible.

Au début de l'aventure, Sophie Cahen est cependant la seule opérationnelle. « En tant que jeune dirigeante, on vous inonde de conseils de tous côtés. Il faut alors faire preuve de discernement et suivre son intuition. Il a fallu recruter des collaborateurs, lever des fonds, se former sur le secteur, diriger une équipe de R&D… ». Elle estime ainsi avoir réussi à faire partager sa vision aux investisseurs et surtout à l'équipe pour créer de la confiance. « Une jeune start-up, c'est un risque ambulant : vous n'avez pas d'argent, pas d'expérience, pas de produit. Donc vous devez être irréprochable pour convaincre. ». Elle parle notamment « d'exemplarité nécessaire dans l'adéquation entre le projet et la réalisation ».

**✶ 4e conseil : être irréprochable**

Dès 2020, le pari de la start-up est réussi. Multi-primée et soutenue par BpiFrance, Ganymed Robotics cumule cinq cent trente-cinq mille euros d'aides publiques, dix-huit mois après sa création. Elle lève deux millions d'euros en amorçage pour développer les tests sur son robot d'assistance aux chirurgiens lors de la pose de la prothèse du genou. Le prototype qui allie des algorithmes de vision par ordinateur et un bras robotique, en améliorant la précision du geste chirurgical, doit « offrir un accès plus facile à la chirurgie partout dans le monde », s'enthousiasme la jeune fondatrice qui vise déjà d'autres applications thérapeutiques. Sophie Cahen voudrait en effet voir son système devenir un « standard chirurgical » pour les praticiens du monde entier. Elle a choisi d'accélérer en ce sens.

Le défi est immense, à la hauteur du marché. Cinq milliards de personnes dans le monde n'ont pas accès à la chirurgie, pour des raisons de coûts ou de manque de médecins.

« L'un des enjeux de l'intelligence artificielle et de la robotique est de mettre en quelque sorte le geste d'un chirurgien expérimenté dans les mains d'un chirurgien débutant », souligne Sophie Cahen qui parle de « chirurgie augmentée ».

Le mantra de Sophie en tant que dirigeante est de viser haut et de ne pas se précipiter. « Il ne faut pas confondre la vitesse d'exécution de chaque tâche avec la rapidité de développement de l'entreprise. En réalité, l'évolution dépend directement de la somme des erreurs évitées. » Pour elle, il est donc important de savoir s'entourer des bonnes expertises. Et de maintenir un bon équilibre dans ses choix, comme dans ses recrutements. « Dans nos métiers d'expertises, on a 70 % d'hommes encore parmi les profils techniques, mais je vise plus de mixité – pas que de genre d'ailleurs – qui est une source d'ouverture. Grandir ne peut se faire en écrasant l'humain ».

**✶ 5e conseil : viser l'international**

Entre 2022 et 2023, dans l'antichambre des licornes, Ganymed Robotics a collecté au total trente-six millions d'euros en série B, avec un premier *closing* de vingt-et-un million d'euros suivi d'une extension de quinze millions d'euros. L'équipe compte désormais une quarantaine de collaborateurs avec une majorité d'ingénieurs. « Aujourd'hui, mon rôle a évolué : je dois toujours apporter la vision et le financement, mais je suis aussi la garante d'une certaine culture d'entreprise qui vise à ce que les personnes qui travaillent chez nous en soient heureuses et fières. »

La feuille de route de Sophie Cahen reste ambitieuse, à la hauteur des enjeux à venir. « Nous sommes en test grandeur nature », dit-elle. La jeune société prépare notamment sa phase d'industrialisation et de commercialisation à grande échelle. « Notre expertise est une contribution positive au monde de demain dont nous sommes fiers », lance la jeune entrepreneuse.

Ganymed Robotics échange déjà avec des chaînes d'hôpitaux sur plusieurs continents afin de résoudre un problème urgent : opérer massivement plus de personnes avec un niveau de qualité constant.

## L'essentiel

* Investir un nouveau marché à partir de ses connaissances technologiques
* Tester son produit avant de passer à l'échelle
* Créer un modèle en visant le marché mondial

# « Une aventure technologique unique »

## Stéphanie Gottlib-Zeh, Techsia et Agileo Ventures (Software + SportTech)

À 27 ans, avec son doctorat de géosciences en poche, Stéphanie Gottlib-Zeh crée à Montpellier une petite start-up, Techsia. Huit ans plus tard, sa société a développé trois logiciels exploités par à peu près tous les grands pétroliers de la terre. Elle la revend en 2009 à Schlumberger, le géant mondial de l'innovation énergétique. Aujourd'hui, loin des hydrocarbures, Stéphanie Gottlib-Zeh a créé un club d'investisseurs pour accompagner des projets technologiques dans le sport et la « Tech for good ». Sacré trajet pour cette fille du Sud qui a toujours su écouter son instinct.

L'histoire serait-elle encore possible aujourd'hui ? L'industrie pétrolière attire-t-elle encore de jeunes chercheurs brillants ? En 2000, la jeune Montpelliéraine qui lance sa société en géophysique voit, elle, plutôt la nécessité de faire aboutir ses travaux pour servir un secteur qu'elle apprend à connaître. Pendant près de dix ans, elle va se battre pied à pied pour construire une incroyable aventure technologique. Doctorante en géosciences à la fac de Montpellier, elle comprend que malgré les résultats très prometteurs obtenus sur ses recherches pendant sa thèse, elle n'a pas le bon pedigree pour réussir au CNRS ou dans un groupe pétrolier. Sans grande école ni réseau, elle devrait démarrer tout en bas de l'échelle et ronger son frein.

### ⁎ 1er conseil : choisir la technologie

Stéphanie Gottlib-Zeh décide, à la sortie de ses études, de créer sa start-up plutôt que d'attendre en antichambre. Elle se lance ainsi dans une aventure hors norme dans un secteur de la Tech essentiellement masculin. Avec un atout de taille : elle est convaincue de la plus-value de ses recherches. En effet, super-matheuse, elle travaille sur un logiciel qui doit combiner les données issues des puits de forage pour une meilleure gestion des réservoirs et des nappes de pétrole. « Les algorithmes m'ont toujours amusée et m'ont ouvert beaucoup de portes, dit cette passionnée des statistiques, et plus particulièrement des réseaux de neurones (prémices de l'intelligence artificielle). Il faudrait expliquer à tous, particulièrement aux jeunes filles, à quel point les sciences sont la clé de beaucoup de rêves, particulièrement dans la Tech. »

Avec un prêt bancaire, elle rachète au CNRS la licence sur son propre brevet et poursuit ses recherches. Elle lance sa start-up Techsia dans une pépinière d'entreprises tout juste créée par le maire de Montpellier, Georges Frêche. Son premier coup de chance. Techsia s'implante aussitôt sur le site de Cap Alpha avec toutes les facilités foncières et fiscales afférentes. « Le site accueille toujours l'un des incubateurs les plus efficients de France », aime rappeler Stéphanie Gottlib-Zeh. Elle choisit de s'associer à une jeune femme sortie d'une grande école de commerce qui a un profil très complémentaire du sien. Son amie Carine Gourbail, rencontrée pendant sa thèse chez Elf, s'occupera des finances et de l'administration, tandis qu'elle sera CEO et supervisera la recherche.

Pour poursuivre ses recherches, Techsia a cependant besoin de recruter une équipe de développement et lance un premier tour bancaire auprès des filiales régionales du Crédit Agricole et de la Caisse d'Épargne. Elle lève alors trois cent mille euros : ce sera la seule levée de fonds de l'entreprise. « Avec nos premiers collaborateurs, j'ai eu le sentiment de prendre d'énormes responsabilités et de devoir, quoi qu'il arrive, délivrer des salaires à la fin de chaque mois. »

### * 2e conseil : saisir toutes les opportunités de valider et d'améliorer son produit

Pendant ses trois premières années, Techsia se finance en acceptant des études pour les services de R&D de tous les pétroliers et énergéticiens qui l'ont repérée : Total, GDF, ENIL, Chevron… Stéphanie Gottlib-Zeh va même jusqu'à passer un mois en Arabie Saoudite au cœur du centre de recherches de Saudi Aramco. « Ce n'était pas qu'une source de revenus, explique-t-elle. Il s'agissait de démontrer la plus-value des promesses de notre logiciel et de décrocher nos premières ventes de licences. »

C'est finalement le groupe anglo-néerlandais Shell qui prend le premier pari sur la jeune pousse. Pour son premier « gros » contrat commercial, Techsia doit équiper avec son fameux logiciel les sept cent cinquante ingénieurs pétrophysiciens de la compagnie dans le monde entier. « Nous avons changé de dimension à partir de ce moment-là. » Shell va jusqu'à mettre à disposition de la start-up à Montpellier des ingénieurs pour compléter le logiciel de nouvelles fonctionnalités. « Ils avaient des exigences de haute qualité, explique Stéphanie Gottlib-Zeh. C'était très stimulant pour toute l'équipe. »

**✱ 3e conseil : résister face à ses concurrents et s'internationaliser**

La start-up décolle et connaît dès lors une croissance spectaculaire. Acoustique, résistance des roches, nature des fluides, saturation en huile… : son logiciel Techlog bâtit des modèles permettant aux compagnies pétrolières de caractériser le sous-sol et les gisements et devient le plus utilisé au monde. Seul problème : il détrône son concurrent, inventeur d'un autre logiciel, Géo-Log, jusque-là leader sur le secteur. Cet éditeur de logiciels scientifiques fait un procès retentissant à Techsia pour garder le leadership et ses parts de marché. « On était encore fragile : on a failli tout perdre, reconnaît la fondatrice de la start-up. C'était un combat acharné. » Néanmoins, ses clients, Shell en particulier, la soutiennent. En bonne volleyeuse, Stéphanie Gottlib-Zeh, qui a le goût du challenge et de la victoire, ira jusqu'au bout du procès et finira par gagner.

Pour Shell, Techsia se dote de deux filiales, à Houston (Texas) et Mascate (Oman), d'une équipe de développement renforcée et d'une unité de formation à Montpellier. Mais la petite société montpelliéraine, tout juste quatre ans, connaît alors des difficultés de trésorerie et de passage à l'échelle. Le groupe américain lui propose de reprendre 30 à 40 % des parts. « On était encore une jeune start-up, mais le prix était ridicule. J'ai refusé », explique Stéphanie Gottlib-Zeh qui réussit à préserver le partenariat commercial avec le géant anglo-néerlandais. Techsia continue de grandir, sans lever de nouveaux fonds. En 2008, la jeune pousse réalise ainsi dix-huit millions de dollars de chiffre d'affaires et emploie soixante-dix collaborateurs.

La formidable ascension de Techsia attire les convoitises. Halliburton, spécialisé dans les services parapétroliers, fait une offre pour racheter la totalité de la société. La jeune dirigeante est tentée, mais Schlumberger, le géant mondial du secteur a vent de la transaction et s'interpose.

**✶ 4e conseil : étudier soigneusement sa sortie, ne pas céder à une offre en deçà de sa vraie valeur**

Invitée à déjeuner par le président du groupe Schlumberger, Stéphanie Gottlib-Zeh reste ferme sur le prix auquel elle estime Techsia. Il est faramineux : le double de ce qui lui a été proposé jusque-là. « On avait investi du temps, de l'énergie, beaucoup de recherches sur un logiciel qui s'imposait comme le leader du marché, puis sur deux autres en voie de commercialisation rapide. Cela me paraissait le juste prix », dit-elle. Après quelques jours de réflexion, Schlumberger accepte sa proposition. Le pari fou de Stéphanie Gottlib-Zeh se réalise.

Fidèle, la jeune trentenaire reste pilote pendant six ans, au sein du géant mondial, du développement de la start-up : Techsia devient la tête de pont d'un pôle d'excellence « de logiciels d'analyse et d'interprétation pétrophysiques appliqués à l'exploration des gisements et à leur exploitation ». Cinq ans plus tard, Stéphanie Gottlib-Zeh, qui est passée sans sourciller d'une petite PME à une multinationale, a restructuré toute l'activité de logiciels (*software*) du groupe. En 2016, elle est responsable du département des nouvelles technologies du groupe, fort de deux mille collaborateurs et gère trois cent vingt-cinq millions d'euros de budget annuel. Elle choisit pourtant de démissionner. « J'ai tout donné à cette industrie. Il était temps de passer à autre chose. Je voulais accompagner de nouvelles aventures, de jeunes start-up, partager mon expérience. »

### ✶ 5e conseil : partager son expérience, réinvestir sur de jeunes start-up

Elle repart d'une page blanche. Sportive, elle se tourne vers un secteur où les data et les technologies abondent et vont demain réinventer les services et les équipements. Le SportTech, le sport associé à la technologie, offre un formidable terrain de jeu pour une entrepreneuse comme elle. Elle crée en 2017 Agileo Sport, un « véhicule d'investissements » qu'elle préside, destiné à financer et accompagner des projets innovants liés au sport. Sa structure associative réunit ainsi une trentaine de *business angels* auxquels elle propose une sélection d'investissements en Europe et à l'international.

Avec des tickets d'entrée variant de deux cent mille à deux millions d'euros, Agileo Sport est un levier financier efficace pour les jeunes pousses du secteur : une quinzaine à ce jour, pour un investissement total de plus de 5,5 millions d'euros. Elles sont américaines, anglaises, allemandes, mais beaucoup sont françaises avec un vrai tropisme régional comme le Montpelliérain Vogo, le Parisien Gouach, le Bordelais Rematch et le Lyonnais Clim8. Le fonds mise aussi bien sur la plateforme d'intelligence artificielle, South Pigalle, récemment vendue, que sur la société WindPact, basée à Washington DC, l'inventeur d'une mousse brevetée capable de résister à tous les chocs : dans le sport de combat, comme dans l'automobile.

### ✶ 6e conseil : rester fidèle à soi-même et à ses valeurs

En 2022, le club Agileo, qui réunit toujours des *business angels*, change toutefois de braquet. Sous l'impulsion de Stéphanie Gottlib-Zeh, Agileo Sport évolue et devient Agileo Ventures, un fonds de capital-risque qui poursuit l'aventure de la Tech en se diversifiant dans de nouveaux domaines. Le collectif choisit de miser sur des start-up de la « *Tech for good* » qui développent des innovations techniques pour accélérer la transition écologique. La boucle est presque bouclée : Stéphanie Gottlib-Zeh retrouve son ancienne passion pour le secteur de l'énergie et va allégrement puiser dans son réseau pour dénicher des pépites. Elle a aussi appris à mettre la pédale douce. Depuis trois ans, elle est devenue maman d'une petite fille. « Je n'avais pas eu beaucoup de temps jusque-là. Mais quelle joie ! »

Montpelliéraine jusqu'au bout, avec le temps, elle confirme son attachement sans faille à sa ville où elle continue de défendre l'accès aux technologies et les entreprises innovantes. Ambassadrice enthousiaste du Sud, elle est l'une des rares femmes du conseil d'administration du « cluster numérique régional » Digital 113 et membre du BIC (*Business Innovation Center*), l'incubateur où est née Techsia.

## L'essentiel

- Croire en soi et s'accrocher
- Écouter le marché pour améliorer les fonctionnalités du produit
- Planifier le passage de relais pour préserver l'essentiel lors de sa sortie

# « Favoriser l'écosystème de la French Tech »

## Agathe Wautier, The Galion Project (fonds *seed*)

Depuis 2015, Agathe Wautier accompagne les entrepreneurs de la Tech à travers une association devenue une véritable entreprise : The Galion Project, cofondée avec Jean-Baptiste Rudelle, créateur de Criteo. Sept ans plus tard, le collectif compte plus de quatre cent cinquante grands fondateurs de start-up et de scale-up. Un réseau de partage, de réflexion et de solidarité. En 2022, Agathe Wautier a lancé pour le Galion, la création d'un fonds d'investissement, pour l'amorçage notamment. Objectif : lever quatre-vingts millions d'euros d'ici fin 2024.

### ✶ 1er conseil : être visible

Agathe Wautier a une conviction : « Le partage de l'innovation permet de commettre moins d'erreurs et d'aller plus vite. » C'est sur ce principe que la jeune femme a construit, avec le fondateur de Criteo, Jean-Baptiste Rudelle, le Galion Project, un « réseau d'échanges et d'entraide entre pairs », mais aussi un think-tank, inspiré des modèles existants de la Silicon Valley. Objectif : au-delà du partage, préparer les jeunes start-up, avec des outils modélisés à partir de leur propre expérience.

La rencontre entre Agathe Wautier et Jean Baptiste Rudelle, en 2015, est d'anthologie. « On a échangé sur les réseaux sociaux » s'amuse Agathe Wautier qui reçoit de lui un message sur Twitter. À l'époque, elle est ultra-visible sur le web. Responsable du digital chez Orange, elle travaille sur un programme « citoyen » autour des événements sportifs associés au groupe, dont elle fait la promotion sur le web. « Nous accompagnions des associations pour l'insertion sociale par le sport avec des parrains extraordinaires comme Zinedine Zidane », raconte-t-elle. L'été, elle organise des événements autour du kitesurf, l'hiver autour du ski. Elle découvre ainsi que les « sports de glisse » sont très fédérateurs de petites communautés sur le web, y compris pour les jeunes patrons de la Tech.

Jean-Baptiste Rudelle a été en 2012 le premier Français en quinze ans à introduire sa société de publicité digitale au Nasdaq, la Bourse de la Tech à New York. Longtemps basé à San Francisco, et de retour en France, il a l'intuition de son côté que les jeunes CEO ont besoin de se retrouver pour échanger sur l'exemple californien.

Ensemble ils vont lancer les premiers « breaks » pour les entrepreneurs. En 2014, Agathe Wautier organise avec Jean-Baptiste Rudelle un week-end à Saint-Martin de kitesurf, un des sports fétiches de quelques prodiges de la French Tech comme Frédéric Mazzella, créateur de Blablacar, ou Pierre Kosciusko-Morizet, fondateur de Prime Minister. Ils se retrouvent finalement à près de quarante, dans la superbe baie du Galion de Saint-Martin, qui inspirera le nom de leur « club ».

**✶ 2e conseil : connaître sa cible**

Le week-end fait germer l'idée d'une structure pérenne pour s'entraider, échanger sur les expériences de chacun, mais aussi pour réfléchir ensemble à l'entrepreneuriat, organiser une veille prospective… « Diriger une start-up, a fortiori une licorne, est un exercice difficile et souvent hautement solitaire », note Agathe Wautier.

Elle débarque chez Criteo immédiatement après et dessine, à 28 ans, un projet assorti d'un programme. « J'ai lâché un job en CDI chez Orange, pour monter une petite association », ironise la jeune CEO du Galion Project. Elle propose d'organiser un collectif d'entrepreneurs confirmés, ayant tous levé au moins un million d'euros auprès de fonds (trois millions d'euros aujourd'hui) et cooptés par deux parrains. « Il fallait créer les conditions d'un groupe homogène pour qu'ils échangent en confiance ». En janvier 2015, The Galion Project est officiellement lancé. Emballée par la création de ce super collectif, elle entraîne une soixantaine de jeunes entrepreneurs. Son énergie communicative, son sens de la décision et sa rapidité d'exécution feront le reste.

En 2023, le collectif a grandi : il compte déjà quatre cent cinquante membres et vise d'en réunir six cents avant 2024. « Avec des rendez-vous réguliers, des dîners ou des week-ends, et des ateliers de travail, nous offrons ce dont ils manquent le plus : du temps pour partager entre pairs. L'idée a été de les réunir autour de mêmes problématiques pour leur faire gagner du temps dans le développement de leur entreprise », explique Agathe Wautier. L'association est devenue une société (SAS) deux ans plus tard et s'est lancée en 2019 à l'international pour répondre à l'époque aux deux cent vingt membres en Europe, en Asie et aux États Unis.

**⭑ 3e conseil : oser demander et s'appuyer sur son réseau**

« En fait, j'ai créé le job de mes rêves », lance la jeune femme aujourd'hui. Elle avait déjà beaucoup appris de ses précédentes expériences. Après une école de commerce post-bac, cette Rouennaise s'est battue pour entrer chez Orange par le biais de stages en alternance, en frappant à toutes les portes. Puis elle a voyagé dans le monde entier pour promouvoir la marque, en Afrique, en Asie et au Moyen-Orient. « Il ne faut pas hésiter à demander, à faire le siège des responsables pour obtenir ce que l'on veut », retient-elle.

Peu de temps après son entrée chez Orange, elle réussit à intégrer le programme réservé aux jeunes diplômés Telecom Talents, « par effraction » selon elle, car elle ne vient pas de cette filière. Elle a travaillé en Afrique avec le responsable du programme qui, lui, connaît ses compétences. « C'est une force de pouvoir s'appuyer sur un réseau pour avancer » retient-elle encore de cette chance. Le programme lui permet de changer de poste tous les deux ans avant de devenir elle-même manager cinq ans plus tard. Une expérience qui l'oblige à s'adapter et à rester créative dans un monde très numérique.

Agathe Wautier a ainsi pu enchaîner avec la création du Galion Project avec de bonnes bases et ne s'est pas arrêtée là. Elle crée dans la foulée un think-tank sur l'entrepreneuriat. « Le cœur du réseau », dit-elle.

Le groupe de réflexion fonctionne comme un laboratoire, en utilisant l'intelligence collective de la communauté et leurs retours d'expérience, pour élaborer de vrais outils opérationnels à destination des nouveaux entrepreneurs. Ils prennent souvent la forme de publications mises à disposition gratuitement, pour les accompagner dans leur croissance et faire grandir la French Tech. Le document le plus téléchargé à ce jour est le *term sheet*, le modèle de contrat d'actionnaires pour ceux qui lèvent de fonds. Le Galion a multiplié les guides aussi pour « réussir sa cession » ou « son IPO » (introduction en Bourse), recruter ou constituer son *board* (conseil d'administration) par exemple.

**⁎ 4e conseil : cultiver le goût du partage pour favoriser l'hyper-croissance**

Le think-tank, dirigé aujourd'hui par Laurence Lucas, ne se contente pas de publier des outils. Il milite ouvertement pour « façonner le monde de demain » avec des engagements forts. « Nous sommes convaincus qu'en fédérant des entrepreneurs de talents, en inspirant des projets innovants, nous contribuons à l'attraction de l'écosystème français et européen », explique Agathe Wautier. Elle rappelle volontiers cette conviction du Galion dès le départ : la Tech peut répondre aux enjeux de demain autour du climat, de l'énergie ou de la santé. En 2019, le think-tank publiait ainsi « Les 45 Galion Impact Solutions », pour améliorer l'impact économique, social et environnemental des jeunes entreprises.

Dès 2018, The Galion Project s'est engagé sur une charte comportant quarante-cinq mesures en faveur de plus de parité dans les start-up, mais Agathe Wautier reconnaît que le collectif ne compte toujours que quatre-vingts femmes sur quatre cent cinquante membres. « Je forme des vœux pour qu'elles soient plus nombreuses, je les encourage à nous rejoindre », dit-elle. « Plus il y aura de femmes dans la Tech, plus elles accéderont à des postes importants, plus elles voudront entreprendre. »

**⁎ 5e conseil : continuer d'innover et se lancer de nouveaux défis**

À l'écoute des évolutions de la société, et de ses membres, Agathe Wautier a franchi un pas de plus en 2022 pour consolider les fondamentaux du Galion Project autour de l'idée de partage et de transmission : elle a créé, avec Jean-Baptiste Rudelle et le collectif, le « Galion.exe », un fonds pour investir dans les jeunes pousses et les faire bénéficier des conseils de la communauté du Galion. Elle vise de lever quatre-vingts millions d'euros à la fin de 2024 dont elle avait recueilli plus de la moitié avant l'été 2023.

« La communauté du Galion a cette envie fondamentale de partager ses connaissances et son expérience pour créer une dynamique collective », explique encore Agathe Wautier. Avec des tickets de sept cent cinquante mille à 2,5 millions d'euros dans des tours d'amorçage d'un à cinq millions d'euros, et un expert chevronné tout au long du parcours, l'objectif est donc d'aider de jeunes start-up à accélérer leur croissance. Une façon supplémentaire pour Agathe Wautier et sa communauté de se positionner sur les défis de demain et d'être vecteurs de changement.

## *L'essentiel*

- Miser sur l'intelligence collective
- Partager les expériences pour inspirer des projets innovants
- Préparer l'étape d'après

# 3

# Les clés pour se lancer et rencontrer le succès

Les portraits des rôles modèles vus dans le chapitre précédent nous laissent entrevoir de bonnes pratiques que nous vous proposons d'approfondir afin de vous donner toutes les chances de vous épanouir dans votre rôle d'entrepreneuse. Nous les avons ainsi répartis en trois savoir-faire essentiels qui, mis en œuvre, augmenteront vos chances de réussite.

## S'ASSOCIER, S'ENTOURER ET RECRUTER LES MEILLEURS COLLABORATEURS

L'entrepreneuriat est régulièrement associé à l'image des montagnes russes. On passe très facilement d'un état où on a l'impression que sa société sera la future licorne de son marché avant d'en douter dès le lendemain et ne plus savoir si cette dernière parviendra à vivre jusqu'à la fin du mois. De plus, malgré tout son talent, on ne peut être omnipotent sur tous les sujets et la vitesse de son développement dépendra alors de sa capacité à trouver des associés, des mentors, des partenaires et des soutiens pour mieux appréhender tous les aspects de cette vie d'entrepreneuse.

### Trouver des associés

Dans votre recherche de la (ou des) perle(s) rare(s), il est possible de multiplier les actions de networking au sein des réseaux et des clubs d'entrepreneurs, lors de soirées entre chefs d'entreprise ou de se balader sur les nombreux sites spécialisés tels que Biznessfull, M'associer, Meetpro, PartnPro, ShareK, Teamizy, TIGcRE, voire Adopte un CTO ou Cofondateur pour la recherche d'un associé développeur. Cependant, le meilleur moyen de réussir cette démarche – et afin d'éviter toute déconvenue dans le futur – consiste avant tout à mettre en place les éléments suivants.

* Bien définir le profil de la personne recherchée et les compétences complémentaires qui seront nécessaires pour mener

à bien son projet. S'assurer également d'avoir une vision commune, notamment sur la forme et la vitesse du développement.

* Rechercher plutôt dans son réseau proche un (ou une) ami(e), une personne avec laquelle on a fait ses études ou travaillé par le passé et avec qui on avait plaisir à échanger, coopérer ou se challenger.
* Éviter dans tous les cas la répartition du capital 50/50 pour prévenir d'éventuelles situations de blocage.
* Rédiger avec un avocat d'affaires un pacte d'associés qui permettra de définir et sécuriser tous les aspects de la coopération au sein de la start-up.

## Savoir s'entourer

La France « Start-up Nation » a su se doter d'un formidable écosystème pour accompagner la création et le développement de sociétés innovantes. De nombreuses structures existent dont certaines ciblant tout particulièrement les femmes. En voici une sélection.

* **Les Premières**[1]

Créée en 2005, la fédération des Premières est le premier réseau d'entrepreneuriat au féminin. Il regroupe des incubateurs régionaux dans l'ensemble de la France métropolitaine mais également des structures d'accompagnement en Martinique, en Guadeloupe et en Guyane ainsi que la dernière-née qui vient d'ouvrir en Corse. Le réseau des Premières accompagne chaque entrepreneuse individuellement, par le biais de coaching et de formations sur les structures à tous stades de leur développement autour de cinq programmes :

- le programme Start 1re pour s'initier à l'entrepreneuriat et l'intrapreneuriat ;
- le programme Go 1re pour créer et conduire un projet de création d'entreprise ;

1. *www.lespremieres.com*

- le programme Play 1re pour amorcer et développer son chiffre d'affaires ;
- le programme Boost 1re pour conquérir son marché, recruter et se développer en France et à l'international.

Il est à noter qu'un programme autour de la reprise d'entreprise a été lancé début 2023.

* **Action'elles**[2]

Créée en 1994, Action'elles est une association de près de cinq cents membres qui accompagne des femmes souhaitant créer ou développer leur entreprise autour de trois piliers :

- le développement grâce à des formations, des ateliers pratiques autour de l'entrepreneuriat, des entretiens avec des expertes et enfin un suivi trimestriel pour faire un bilan régulier de la situation de son entreprise ;
- le réseau par des rencontres sous forme de petits-déjeuners, afterworks, soirées et clubs de recommandation (deux fois par mois) ;
- la communauté par des sessions de travail et de codéveloppement entre les adhérentes et des espaces digitaux pour échanger et être mise en relation.

* **Boost Entrepreneurs au Féminin**[3]

Mis en place par la Chambre de commerce et d'industrie de Paris en début d'année 2023, l'appel à candidature récompense les dirigeantes d'une entreprise de moins de trois ans en leur offrant un programme d'accélération d'un an qui comprend des ateliers collectifs, coachings individuels et entraînement au pitch, etc. La CCI propose également un programme d'entraînement collectif autour de quatre thématiques : leadership, vente/commercial, réseau et gestion financière, juridique.

2. *www.actionelles.fr*
3. *www.entreprises.cci-paris-idf.fr/web/cci75/boost-entrepreneurs-au-feminin*

⁎ **Force Femmes**[4]

Créée en 2005, Force Femmes est une association reconnue d'intérêt général qui a pour but d'accompagner les femmes de plus de 45 ans inscrites à Pôle emploi depuis moins de deux ans (deux cent cinquante mille femmes accompagnées depuis sa création) dans leurs démarches de retour à l'emploi et de création d'entreprise.

Présente dans huit antennes en France (Hub Ile-de-France, Hub Auvergne-Rhône-Alpes/Lyon, Hub Nouvelle-Aquitaine/Bordeaux, Hub Sud PACA/Marseille, Hub Champagnes Ardennes/Reims, Hub Pays de la Loire/Nantes, Hub Alsace/Strasbourg, Hub Lille), l'association propose un programme mixant un accompagnement individuel et collectif, et propose un accès à tous les événements organisés par l'association du Prix des entrepreneuses, Job Meeting Tour au féminin, programme motivée soutenue par la Caisse d'Épargne, Parcours du fonds de solidarité avec la Maison Chanel…

⁎ **Femmes des Territoires**[5]

Lancée en 2019 sous l'impulsion du réseau Femmes de Bretagne et de la Fondation Entreprendre, Femmes des Territoires est un réseau d'entraide et de partage de connaissances qui compte cinquante-quatre antennes en France (voir p. 84).

⁎ **Willa**[6]

Créée en 2005 sous le nom Paris Pionnières, l'association Willa soutient l'entrepreneuriat féminin et accompagne cent vingt start-up par an fondées ou cofondées par des femmes au travers d'une dizaine de programmes, disponibles à tous les stades de développement de l'entreprise : de l'idéation au début de la traction en passant par la période d'accélération. Cet écosystème allie ainsi coaching, mentorat et networking.

Par ailleurs, le Willa Women in FinTech est un trophée créé par l'association qui récompense les fondatrices ou cofondatrices de

---

4. *www.forcefemmes.com*
5. *www.femmesdesterritoires.fr*
6. *hellowilla.co*

start-up FinTech, LegalTech, RegTech, AssurTech, souhaitant accélérer leur mise sur le marché. Les lauréates de cet appel à projet peuvent alors bénéficier d'un programme d'accompagnement de six mois (ateliers collectifs, suivi individuel, coachings et mise en réseau dans l'écosystème FinTech) et d'une aide au financement.

* **Wom'Energy par le Réseau Entreprendre**[7]

Le Réseau Entreprendre est un réseau d'accompagnement mixte composé de femmes et d'hommes pour la création d'emploi sur le territoire. Spécifiquement créé pour encourager l'entrepreneuriat au féminin, le programme Wom'Energy a pour ambition de soutenir toutes les cheffes d'entreprise à tous les stades de développement et de croissance de leur projet, grâce à un accompagnement de paires à paires et un prêt d'honneur compris entre quinze mille et cinquante mille euros.

* **Les Ambitieuses Tech for Good**[8]

Ce concours, organisé par La Ruche, s'adresse aux femmes qui lancent et dirigent des start-up à impact innovantes en France. Il faut ainsi que les entrepreneuses aient réalisé leur preuve de concept (premiers chiffres d'affaires, bêta test sur un MVP, partenariats significatifs, etc.) et qu'elles répondent à un enjeu de société majeur (éducation, santé, agriculture durable…) pour pouvoir y participer. Les gagnantes bénéficient alors d'un parcours d'accélération de neuf mois pour développer leur start-up (espace de travail collaboratif, heures de conseil avec des experts, formations en ligne, ateliers, accès au réseau de partenaires…).

* **Entrepreneuses à impact à Marseille**

Ce programme d'incubation à Marseille, géré par le groupe SOS, Creatis et PULSE, s'adresse aux femmes entrepreneuses ayant déjà lancé leur activité et souhaitant être accompagnées dans le développement de leur entreprise à impact dans le domaine de la culture et des médias et/ou dans l'économie sociale et solidaire. Il permet à vingt femmes par promotion de bénéficier pendant six mois de

7. *www.reseau-entreprendre.org/fr/jagis-2/*
8. *la-ruche.net/accompagnements/les-ambitieuses/*

l'accompagnement de Creatis et PULSE, leur offrant un accès aux meilleurs experts de chacune des deux structures et de bénéficier de mises en relation plus larges et clés pour leur projet.

## Savoir recruter les meilleurs collaborateurs

Enfin, pour mener à bien son projet et se développer dans un univers concurrentiel fort, il faut également savoir attirer des talents et idéalement les meilleurs du marché. Pour ce faire, différents leviers peuvent être activés pour y parvenir :

- partager une vision ambitieuse, incitative et qui donne du sens pour engager le plus grand nombre, d'où la nécessité de « penser » son projet en grand. Ce point sera particulièrement développé dans la section suivante ;
- offrir une juste rémunération ;
- mettre en place une politique sociale ambitieuse et attrayante axée autour des dix points clés suivants afin de fidéliser le plus grand nombre :
  - un travail de fond sur sa marque employeur ;
  - le développement des collaborateurs par la formation ou le coaching ;
  - un aménagement du temps de travail ;
  - une politique de télétravail optimisée ;
  - une mobilité interne institutionnalisée ;
  - un équilibre entre vie privée et vie professionnelle ;
  - des dispositifs d'intéressements incitatifs comme le plan d'épargne d'entreprise ;
  - des bureaux modernes et attractifs ;
  - des moments de rencontre nombreux, notamment pour fêter les succès ;
  - une écoute de tous les instants et des feedbacks réguliers.

Toutefois, le second levier peut être plus complexe à atteindre. En effet, comment attirer les meilleurs talents/collaborateurs lorsqu'on a des moyens limités mais que l'on souhaite se développer ?

Plusieurs dispositifs sont alors disponibles pour valoriser les packages de rémunération de ses (futurs) collaborateurs.

* **Les BSPCE (bons de souscription de parts de créateur d'entreprise)**

Dispositifs de loin le plus usités par les jeunes start-up pour leurs collaborateurs, les BSPCE sont des catégories spécifiques de stock-options (des options sur titres). Leur attribution correspond ainsi à la délivrance d'un bon d'achat de titre de la société à un prix fixé à l'avance le jour de son attribution. La revente du titre permettra au bénéficiaire de réaliser une plus-value qui sera d'autant plus avantageuse que l'entreprise se sera (théoriquement) développée dans ce laps de temps.

Lorsque la durée de détention des titres est supérieure ou égale à trois ans, les plus-values consécutives à l'utilisation des BSPCE sont également éligibles au prélèvement forfaitaire unique (PFU) plus communément appelé *flat tax*. Ce nouveau régime fiscal propose ainsi de déduire l'impôt sur les plus-values réalisées à un taux global de 30 % (12,8 % au titre de l'impôt sur le revenu (IR) et 17,2 % au titre des prélèvements sociaux). Toutefois, en cas de durée de détention inférieure à trois ans, les gains nets réalisés à l'occasion de la cession sont imposés au taux de 30 % au titre de l'IR et de 17,2 % au titre des prélèvements sociaux, soit une imposition totale de 47,2 %.

* **Les BSA (bons de souscription d'actions)**

Un bon de souscription d'action est une valeur mobilière qui donne le droit à son bénéficiaire d'acheter des actions d'une société à un prix fixé à l'avance. À la différence des BSPCE qui ne demandent aucun investissement car ils sont émis gratuitement par la société, les BSA doivent quant à eux être achetés. Cette faculté d'achat est offerte pendant un délai déterminé, appelé période d'essai. Les gains obtenus lors de la cession des BSA par des personnes physiques sont assujettis au barème progressif de l'impôt sur le revenu.

* **L'attribution gratuite d'actions**

Enfin, une entreprise peut décider d'attribuer gratuitement ses propres actions à ses salariés. Le salarié bénéficiaire ne deviendra cependant pas immédiatement propriétaire des actions. Il faudra obligatoirement qu'un temps, appelé période d'acquisition, s'écoule entre la date d'attribution des actions et la date où le salarié bénéficiaire devient propriétaire.

Pour ce faire, l'entreprise fixe la durée de la période d'acquisition qui ne pourra légalement être inférieure à un an. Elle peut aussi fixer librement une période de conservation des actions, ce qui signifie que le salarié ne peut pas vendre les actions avant la fin de cette période, même s'il est devenu propriétaire à la suite de la fin de la période d'acquisition. Le cumul de la période d'acquisition et de la période de conservation ne peut pas être inférieur à deux ans.

Un salarié ne peut donc pas revendre les actions gratuites reçues de son entreprise avant l'expiration du délai de deux ans à partir de la date d'attribution. Ainsi, durant une période d'un an au minimum, les actions ne peuvent être cédées, que ce soit à titre gratuit ou à titre onéreux. Ce n'est qu'à l'issue de cette période que les actions pourront librement être cédées par l'actionnaire.

La fiscalité des actions gratuites comporte par ailleurs plusieurs régimes différents selon la date d'acquisition définitive des actions et la date de la revente des actions par le salarié. À noter que le nombre d'actions mises à disposition des salariés par le biais des stock-options ne peut excéder 10 % de l'ensemble du capital social de la société.

## TRAVAILLER SON *PERSONAL BRANDING*, SA VISIBILITÉ ET TROUVER SES CLIENTS

L'une des clés pour réussir le développement de sa start-up consiste à travailler sa visibilité, permettant à la fois de gagner en crédibilité et d'attirer des prospects. Pour cela, nous avons identifié trois actions à mettre en place dès le début de votre activité.

- Cartographier les réseaux professionnels essentiels de sa région (entrepreneuriat, univers start-up, instances régionales…) ou de son secteur d'activité et tenter de devenir adhérent ou d'avoir de la visibilité en leur sein.

- Cartographier tous les événements clés (exposition, salon, soirée, événement VIP, journée portes ouvertes, séminaire, petit-déjeuner, conférence, atelier technique…) liés à son produit ou service et y être présent d'une manière ou d'une autre, en privilégiant les solutions qui maximisent sa présence sans avoir à débourser de l'argent. Le cash est un bien précieux qu'il faut préserver au plus haut point, il est donc préférable d'être invité, de mettre à disposition une solution en échange d'un stand ou d'une prise de parole ou encore d'intervenir en tant qu'expert.
- Participer à un maximum de concours ou d'appels à projets. En plus de générer du chiffre d'affaires ou d'amener du financement, cela permet également de bénéficier d'une exposition accrue. Pour les identifier, il est possible de consulter les bases documentaires suivantes : les concours et appels à projets du journal *Les Échos* ; *les-aides.fr* ; *appelaprojets.org* ; *bpifrance.fr*

Par ailleurs, pour accroître son impact au sein de ces réseaux ou de ces événements, il existe deux grandes stratégies de « conquête ».

- *La stratégie de l'aigle* (une fois que l'aigle a identifié sa proie, il fonce sur elle) qui consiste à identifier les personnes importantes pour son projet : membres du conseil stratégique, collaborateurs, partenaires, fournisseurs ou futurs clients, et à entrer en contact avec eux de manière originale et impactante :
  - identifier leurs coordonnées : LinkedIn, Lusha, Rocketreach ou Hunter.io ;
  - les suivre et connaître leur stratégie ou leur actualité en temps réel : Google Alert, Simular Web, Feedly, Mention, Semrush, veille sur les réseaux sociaux (Facebook, Instagram, LinkedIn, Twitter ou YouTube) et veille sur leurs newsletters.
- *La stratégie du Castor* (le castor lorsqu'il construit son barrage, utilise sa queue pour faire du bruit et indiquer à ses congénères l'emplacement de son barrage) qui consiste à développer du

contenu qui vous est propre et qui vous distingue des autres afin d'attirer des prospects.

Enfin, pour mener à bien son *personal branding*, il est nécessaire de se concentrer sur trois types d'outils prioritaires.

* **Son site Internet**

Pour pouvoir le développer, il doit répondre aux questions suivantes.

- Quel est son rôle ? Site vitrine ? Site générant des leads ? Site e-commerce ?
- Quels sont les messages clés ?
- Quelle arborescence ?
- Quelle expérience utilisateur (UX) ?
- Quel référencement (gratuit, payant, liens hypertextes) ?

Les conseils pratiques pour un site performant :

- un menu simple : pas plus de sept rubriques, classées par ordre d'importance ;
- des textes courts et précis ;
- des titres et des sous-titres travaillés ;
- des « *call-to-action* » soignés (boutons invitant à l'action, comme « S'abonner », « Rejoindre », etc.) ;
- pas plus de trois clics pour arriver à l'objectif final ;
- un fil d'ariane pour permettre une navigation fluide ;
- une barre de navigation fixe ;
- un site « *responsive* » capable de s'adapter à tous les types d'écran ;
- un « pied de page » complet permettant d'accéder aux pages secondaires importantes ;
- des pages de contenus type blog avec des mots-clés.

* **Ses réseaux sociaux**

De manière identique au site Internet, il est important de pouvoir répondre aux questions suivantes.

- Quels réseaux privilégier ?
- Quelle tonalité adopter ?

- Quels types de contenus (rebond sur l'actualité, lancement ou présentation produit, nombre d'abonnés, nouveau membre de l'équipe, modes de distribution, partenariats, témoignages clients...) ?
- Quelle fréquence ?
- Quel type de publications (organiques ou payantes) ?

Les conseils pratiques pour des publications sur les réseaux sociaux performantes :

- interagir et mentionner les comptes pertinents : collaborateurs, clients, partenaires et médias ;
- utiliser les bons *hashtags* : existants, courts, précis/génériques ;
- privilégier les publications courtes et impactantes : deux ou trois lignes, une phrase = une idée et un « *call-to-action* » ;
- utiliser des émojis à bon escient : un à trois par post, les plus explicites possibles et qui ajoutent du sens à la publication.

**⁎ Ses actions marketing et communications clés**

Des actions ayant pour objectif de développer votre notoriété :

- campagnes de communication traditionnelles ;
- relations presse ;
- référencement naturel et payant sur Internet ;
- événementiel ;
- actions marketing de rue.

Des actions ayant pour objectif de développer l'image de votre entreprise :

- relations avec des influenceurs ;
- transformation de ses prospects en clients qualifiés ;
- actions de co-branding ;
- stratégies de contenus (*inbound marketing*) ;
- sponsoring.

Des actions ayant pour objectif de générer des leads :

- marketing direct ;
- actions de marketing d'affiliation ;

- opérations promotionnelles ;
- stratégies digitales de croissance (*growth hacking*) ;
- publicité Internet sur des sites internet éditeurs.

## TROUVER SON FINANCEMENT (DILUTIF ET NON DILUTIF)

Il existe aujourd'hui près de deux mille dispositifs dilutifs (financements nécessitant l'entrée au capital de votre entreprise d'investisseurs extérieurs) ou non dilutifs (tous les financements n'ayant aucun impact sur l'actionnariat de votre entreprise) pour trouver une source de financement en France ou en Europe. Quel que soit le stade de développement de sa start-up, il est alors possible de trouver des financements publics ou privés en fonction de ses besoins. Ces financements se répartissent selon les grandes catégories suivantes.

| **Phase 1** Pré-Création | **Phase 2** Création | **Phase 3** Premiers clients | **Phase 4** Accélération |
|---|---|---|---|
| Pôle emploi | Concours national d'aide à la création | Prêts participatifs | Aides européennes |
| Aides BpiFrance à l'innovation | Jeune entreprise innovante | Avances et prêts Bpi France | Prise de participation |
| Aides à la création d'entreprise (ACRE) | Crédit impôt-recherche Crédit impôt-innovation | Aides régionales | Avances et aides Coface |
| Apport capital | *Business angels* | Crowdfunding | Fonds d'investissement |
| *Love money* | Concours | Fonds d'amorçage | Prêt bancaire |
| Pépinières et incubateurs | Subventions | Prêt création d'entreprise | Fonds corporate |

Légende : cases claires = Financements publics ; cases foncées = Financements privés

Source : For Value.

## Les levées de fonds

En France, en 2022, sept cent trente-cinq start-up ont levé des fonds sur un total de vingt-deux mille six cent trente-neuf start-up répertoriées par la French Tech, le tout pour un montant global de 13,50 milliards d'euros (selon le Baromètre EY du capital-risque). Par rapport à ce chiffre, le constat est sévère pour le financement des start-up fondées ou cofondées par des femmes, car elles ne sont parvenues à collecter en 2022 que 14 % du montant total, d'après une étude de SISTA, le collectif qui souhaite réduire les inégalités de financement entre les femmes et les hommes entrepreneurs, et le cabinet de consultants Boston Consulting Group (BGC).

Pour y remédier, plusieurs véhicules se sont créés ces deux dernières années pour réduire ce fossé de financement. En 2021, les présidentes du réseau Femmes Business Angels, Véronique Richardson et Cécile Bassot, créent Winequity, un fonds d'investissement qui finance et accompagne des start-up innovantes comptant au moins une femme dans l'équipe fondatrice. Ce fonds investit en coinvestissement sur des projets en amorçage des montants entre cent cinquante et deux cent mille euros pour des levées entre cinq cent mille et trois millions d'euros. Dans la même optique, fin 2021, vingt-neuf femmes *business angels* se sont associées pour créer Leia Capital, un fonds spécialisé dans le pré-amorçage et l'amorçage de start-up portées par des femmes, soit en tant que fondatrice ou cofondatrice qui détiennent au minimum 30 % du capital de leur société.

En 2022, le processus s'accélère avec le développement d'un fonds par SISTA qui décide de financer des start-up si au moins 30 % des parts sont détenues par une femme. Ce véhicule interviendra en amorçage ou en série A et investira dans des tickets compris entre deux cent cinquante mille et trois millions d'euros. La majorité des financements seront dirigés dans des start-up françaises (60 %), européennes et quelques américaines. Quatre secteurs sont ciblés : l'e-santé, les logiciels SaaS (*Software as a Service*), les FinTechs et les produits/

services à destination du grand public. Le fonds a ainsi enregistré un premier closing de trente millions d'euros en octobre 2022 et devrait atteindre la somme de cent millions d'euros. De grands groupes tels que La Française des Jeux, BNP Paribas et L'Oréal font également déjà partie des investisseurs ainsi que des dirigeants d'entreprises tels que Nathalie Balla, PDG de La Redoute, ou des entrepreneurs de la French Tech tels que Céline Lazorthes et Jonathan Benhamou (cofondateurs de Resilience) ou Steve Anavi (fondateur de Qonto).

Sous l'impulsion de SISTA et la publication de sa charte en 2019, plus de cent structures l'ont signé pour un engagement vers des investissements plus paritaires et inclusifs, dont les structures suivantes.

| | | | | | | | |
|---|---|---|---|---|---|---|---|
| Alter Equity | Alven | Angel Square | Apicap | Arkéa | Aster Capital | Astorya | Axeleo |
| BPI France | Blisce | Breega | Caphorn | Cathay Innovation | Citizen Capital | Crédit Mutuel Equity | C4 Ventures |
| Daphni | Day One | Demeter Partner | Duval Ventures | Edg | Educapital | Elaia Partners | Entrepreneur First |
| Entrepreneur Venture | Eurazeo | Fiblac | Founders Factory | Founders Future | Gaia | Google | Groupe ADP |
| Hardware Club | Hiinov | Idinvest | Investir&+ | Iris Capital | ISAI | Kerala | Kemel Investissement |
| Kima Ventures | Maif Investissement | Motier Ventures | Newfund | Next Stage | October | One Ragtime | Partech |
| Raise | RATP | Red River West | Revaia | Ring Capital | Samaipata | Serena Capital | Side |
| Singular | Société Générale | Sodexo | Supernova invest | Techno Founders | 360 Capital Partners | Truffle | Ventech |
| Via ID | West Web Valley | White Star Capital | | | | | |

Source : SISTA.

Ce nombre croissant d'organismes de financement qui plaide pour une plus grande parité dans l'investissement n'implique cependant pas que la levée de fonds soit ouverte à toutes les start-up, car si l'on reprend les chiffres de 2022, seuls 3,5 % des start-up ont levé des fonds. De plus, une levée n'est en aucune façon un substitut à un manque de traction ou un mécanisme permettant de gagner du temps avant de trouver la rentabilité, mais accompagne des éléments structurants qui garantissent un potentiel de développement fort et une rentabilité importante à moyen ou long terme pour les investisseurs. Aussi, de manière générale, la levée de fonds répond majoritairement aux besoins suivants :

- financement de l'hyper-croissance ;
- développement d'une technologie complexe nécessitant des montants d'investissement conséquents (DeepTech ou santé) ;
- achat d'un concurrent ou d'un partenaire ;
- internationalisation.

## Les fonds *corporate*

En parallèle des fonds d'investissement traditionnels, il existe en France soixante-cinq fonds de *corporate ventures* (fonds d'investissement développés par des grands groupes), qui peuvent représenter une bonne stratégie pour se lancer. En effet, en parallèle du financement classique, cette approche permet de créer ou d'accélérer des partenariats commerciaux ou encore de préparer un éventuel *cash out*, c'est-à-dire lorsqu'un des fondateurs ou un des investisseurs historiques revend tout ou partie de ses parts à un nouvel investisseur. À noter que dans 40 % des cas, les start-up sont rachetées par le *corporate venture* qui les a accompagnés.

De plus, ce choix est généralement adopté par les leaders des marchés dans le monde, en témoigne les 60 % de licornes mondiales ayant fait appel à un fonds de *corporate venture*. Parmi les plus célèbres, nous pouvons citer les suivants.

| Internet / Nouvelles Techno-logies | Télécoms | Services | Industrie | Aérospatial / Transport | Banques / Assurances |
|---|---|---|---|---|---|
| Vulcan Capital | Samsung Ventures Investment | Cap Gemini | Siemens | Airbus Ventures | BNP Paribas |
| Gradiant Ventures | Nokia Growth Partners | Endered Capital Ventures | Next 47 | Safran | Société Générale |
| Google Ventures | Orange Digital Ventures | Randstad Inno-vation Fund | Stellantis | SNCF | Arkéa Capital Investissement |
| Intel Capital | Groupe ADP | Sodexo Ventures | SEB Alliance | | Allianz |
| SAP.io | Bouygues Initiatives | B&Capital | Dassault Systèmes | | Open CNP |
| HP Tech Ventures | | La Poste Services for Equity | Renault Nissan Mitsubishi | | April |
| Salesforce Ventures | | | CEA Investissement | | AXA Ventures |
| | | | | | Aviva |

| Mutuelles | Médias | Energie / Environnement | Industries Pharmaceutiques | Autres |
|---|---|---|---|---|
| AG2R La Mondiale | Augesco Ventures | ALIAD Venture Capital | Lilly Ventures | LVMH Luxury Ventures |
| Groupe Apicil | Schibsted Growth | EDF | Roche Venture Fund | Danone Manifesto Ventures |
| Covea Next | TF1 Le Groupe | Suez Ventures | Sanofi Genzyme Bioventures | Carrefour |
| Macif | | Engie New Ventures | Mérieux Développe-ment | Construction Ventures |
| Maif Avenir | | Total Ventures | Novartis Venture Fund | Mobivia |
| Evolem | | Veolia Innovation Accelerator | M. Ventures | Ecomobility Ventures |
| Malakoff Médéric | | | | V13 Invest |
| Ambition Matmut | | | | |

Source : For Value.

## Les *business angels*

Enfin, en amont ou en parallèle des fonds d'investissement et des *corporate ventures*, les start-up font appel à des *business angels*, des personnes physiques décidant d'investir une partie de leur patrimoine financier dans des sociétés innovantes à fort potentiel (cf. chapitre 1).

En France, on compte environ cinq mille cinq cents actifs au sein de soixante-quatre réseaux qui interviennent généralement sur des financements qui ne dépassent pas le million d'euros (en moyenne, entre trois cent mille et cinq cent mille euros, avec un ticket moyen d'investissement de dix à vingt mille euros). Ainsi, en 2021, les *business angels* ont investi environ 69,5 millions d'euros au sein de quatre cent vingt-quatre opérations (deux cent quatre-vingt-sept dans le cadre d'un premier tour de table et cent trente-sept en refinancement avec des sociétés ayant déjà levé de l'argent), selon France Angels, la fédération nationale des *business angels*.

| Auvergne-Rhône-Alpes | Bourgogne Franche-Comté | Bretagne | Centre Val de Loire | Grand Est | Hauts-de-France | Ile-de-France |
|---|---|---|---|---|---|---|
| Auvergne Business Angels | BFC Angels | Agri Angels | Business Angels 28 | Alsace Business Angels | North Digital Angels | Impact Business Angels |
| Cantal Business Angels | | Armor Angels | Cosmetic Angels | Business Angels Marne Ardennes | | INSEAD Business Angels |
| EM Lyon Business Angels | | Breizh Angels | Val de France Angels | Champagne Ardennes Angels | | INVEST Y-Angels |
| Grenoble Angels | | Bretagne Sud Angels | | Yeast | | KEDGE Business Angels |
| INSA Angels | | Business Angels 35 | | | | Mer Angels |
| Rhône Vallée Angels | | | | | | Paris Business Angels |
| SAMBA | | | | | | |

| Normandie | Nouvelle-Aquitaine | Occitanie | Pays de la Loire | Provence Alpes Côte d'Azur | DOM TOM Étranger | Ile-de-France |
|---|---|---|---|---|---|---|
| Normandie Business Angels | Adour Business Angels | Capitole Angels | Atlantique Business Angels | Alumni Business Angels | Caraïbes Angels | Paris Sud Business Angels |
| | Bordeaux Angels | Melies Business Angels | Le Mans Sarthe Investissements | Angels Bay Invest | Farm Angels | Plateau de Saclay Business Angels |
| | Finaqui | | Ouest Angels | Grand Delta Angels | Ange Québec | Seed4soft |
| | Limousin Business Angels | | Symbiose 53 | Provence Angels | | Val'Angels |
| | Périgord Angels | | | Sophia Business Angels | | Angels Santé |
| | Synergence Business Angel | | | Var Business Angels | | Arts et Métiers Business Angels |
| | | | | | | Business Angels Grandes Écoles |
| | | | | | | Clean Tech Business Angels |
| | | | | | | Club Invest IDF |
| | | | | | | Défense Angels |
| | | | | | | Efrei Business Angels |
| | | | | | | Femmes Business Angels |

Source : France Angels.

Unique réseau de *business angels* féminin en France et premier réseau féminin en Europe, Femmes Business Angels réunit cent soixante-dix femmes investisseuses à Bordeaux, au Havre, à Lyon, à Marseille, à Paris et à Strasbourg. Créé en 2004, il a notamment financé en amorçage plus de deux cents start-up souhaitant lever entre deux cent mille et deux millions d'euros, avec un total aujourd'hui de quinze millions d'euros sous gestion. Chaque année, c'est plus de mille projets qui sont reçus et analysés, cent cinquante faisant l'objet d'un pitch devant un comité de sélection, cinquante recevant une instruction et, finalement, vingt faisant l'objet d'un financement de la part des membres de FBA.

Enfin, de « façon individuelle », les femmes *business angels* les plus actives en France sont :

- Chantal Baudron, fondatrice en 1980 d'un cabinet de conseil en recrutement éponyme. Elle est la première *business angel* à avoir investi dans des start-up (2008) et a le plus grand nombre de participations (quatre-vingt-deux investissements) ;
- Pauline Boucon-Duval, directrice générale du groupe Duval, acteur du marché immobilier, qui est la seule femme dans le top 10 des *business angels* en France. Elle affiche seize investissements réalisés à titre personnel depuis le 1er janvier 2020 pour 6,7 millions d'euros, parmi lesquels Lydia, NeoFarm ou Midnight Trains ;
- Céline Lazorthes, *serial entrepreneuse* fondatrice de Leetchi, revendu à Crédit Mutuel Arkéa en 2015, et co-CEO aujourd'hui de Resilience Care. Elle a investi dans une quarantaine de start-up dont Jimmy Fairly, Talent.io, Frichti ou encore Le Slip Français ;
- Angélique Gérard, l'une des dirigeantes historiques du groupe Iliad et membre du club de *business angels* de l'INSEAD. Elle a investi dans plus d'une trentaine de start-up ;
- Catherine Barba, pionnière du web en France et *serial entrepreneuse*, elle a investi dans une vingtaine de start-up dont Reech, Popshop, Euveka ou Ada Tech School ;

- Valentine de Lasteyrie, directrice d'investissement du *family office* La Financière de Blacailloux, directrice générale de la compagnie d'assurances Albingia et co-fondatrice de SISTA. Elle a investi dans une vingtaine de start-up de la FinTech et dans des secteurs à impact : AgriTech, FemTech (ensemble des technologies, produits ou services innovants dédiés à la santé des femmes) ou *silver economy* (ou économie des seniors)…
- Emmanuelle Brizay, directrice d'une société de conseil, elle a investi dans seize start-up depuis 2015 dont Panoply, MiNA Therapeuthics, Nuggets, BOA Family ou NEAT Protect ;
- Géraldine Le Meur, entrepreneuse française et américaine, qui a cofondé et dirigé plusieurs sociétés reconnues dans la Tech. Elle dirige aujourd'hui le fonds d'investissement de French Founders, réseau qui regroupe vingt-cinq mille membres dans le monde. Elle a investi dans une vingtaine de start-up ;
- Bénédicte de Raphélis Soissan, fondatrice de Clustree, revendu en 2020 à Cornerstone, elle a investi depuis le rachat dans une vingtaine de start-up dont Quartz, Spill, Oja ou Hyperline.

Sur ces trois cibles, pour se donner toutes les chances de trouver le financement – et compte tenu du faible nombre d'élus, soit 3,5 % d'entrepreneurs arrivant à lever des fonds – il est conseillé de s'auto-évaluer sur quarante-deux prérequis que nous avons identifié pour réussir sa levée de fonds (voir grille d'autoévaluation page suivante). Pour chacun des critères, une note est donc à s'attribuer.

## Les prérequis pour réussir sa levée de fonds

| | FOR VALUE | 42 pré-requis à la levée de fonds | | | | | | | | | |
|---|---|---|---|---|---|---|---|---|---|---|---|
| | | 1 | 2 | 3 | 4 | 5 | 6 | 7 | 8 | 9 | 10 |
| **Structure de l'offre** | Vision marché | | | | | | | | | | |
| | Ambition | | | | | | | | | | |
| | Proposition de valeur | | | | | | | | | | |
| | Avantage déloyal/sauce magique | | | | | | | | | | |
| | Traction | | | | | | | | | | |
| | Produit en adéquation avec le marché | | | | | | | | | | |
| **Team** | Équipe | | | | | | | | | | |
| | Plan d'intéressement équipe | | | | | | | | | | |
| | Linkedin/CV | | | | | | | | | | |
| | Conseil stratégique | | | | | | | | | | |
| | Posture | | | | | | | | | | |
| **Supports de communication** | Charte graphique | | | | | | | | | | |
| | Infographie/vidéo | | | | | | | | | | |
| | Mise à jour site web | | | | | | | | | | |
| | Congruence supports de communication | | | | | | | | | | |
| **Supports à la levée de fonds** | Elevator pitch | | | | | | | | | | |
| | Executive summary | | | | | | | | | | |
| | Pitch deck | | | | | | | | | | |
| | Mail type | | | | | | | | | | |
| | Business model canvas | | | | | | | | | | |
| **Éléments financiers** | Cartographie investisseurs | | | | | | | | | | |
| | Modélisation financière | | | | | | | | | | |
| | Business plan | | | | | | | | | | |
| | Valorisation | | | | | | | | | | |
| **Préparation aux entretiens** | Q&A | | | | | | | | | | |
| | Entraînement | | | | | | | | | | |
| | Expertise marché/concurrence | | | | | | | | | | |
| | Roadmap | | | | | | | | | | |
| | Coût d'acquisition client | | | | | | | | | | |
| **Opérations** | Exécution | | | | | | | | | | |
| | Reporting | | | | | | | | | | |
| | Contact base clients | | | | | | | | | | |
| | Vérification inversée | | | | | | | | | | |
| | Critères ESG | | | | | | | | | | |
| **Plan d'action** | Networking financeur | | | | | | | | | | |
| **Équipe support** | Banque | | | | | | | | | | |
| | Expert-comptable | | | | | | | | | | |
| | Avocat M&A | | | | | | | | | | |
| | Accompagnement par un leveur | | | | | | | | | | |
| **Outils closing** | Pacte d'actionnaires | | | | | | | | | | |
| | Data room | | | | | | | | | | |
| | Sortie | | | | | | | | | | |

Source : For Value.

Ces différents prérequis ne sont pas seulement nécessaires pour mener à bien sa levée de fonds, ils sont pour la plupart primordiaux pour développer avec succès sa start-up.

**1. Vision marché**

Les start-uppeuses à succès n'ont pas forcément la technologie de rupture la plus avancée, voire pas de technologie du tout, mais elles ont toutes une réelle vision de leur marché. Elles ont identifié avec précision les problèmes que les produits et services concurrents ne parviennent pas à combler et répondent parfaitement à la question clé à se poser quand on lance son activité soit : *pourquoi ?* Pour bien comprendre ce point, nous vous conseillons le célèbre livre de Simon Sinek, *Start With Why* (Penguin, 2011). Et pour vous inspirer, voici quelques exemples de visions engageantes :

- LinkedIn : « Connecter les professionnels du monde entier pour les rendre plus productifs et plus performants » ;
- Tesla : « Créer l'entreprise automobile la plus convaincante du XIXe siècle en conduisant la transition mondiale vers les véhicules électriques » ;
- SpaceX : « Révolutionner la technologie spatiale avec le but ultime de permettre à l'humanité de vivre sur d'autres planètes » ;
- Google : « Organiser l'information mondiale et la rendre universellement accessible et utile ».

**2. Ambition**

Ces visions positionnent tout de suite le niveau d'ambition que doit porter un projet pour lui donner toutes ses chances de réussite. En effet, il faut penser grand et international dès le début, même si sa start-up ne sera pas internationale de suite. Voir les choses en grand permet de :

- envisager son projet sous toutes ses dimensions et oblige à étudier tous les produits ou services concurrents dans le monde pour affiner sa proposition de valeur en créant de

vrais points de différenciation ou en allant chercher les meilleurs partenaires/fournisseurs pour passer le projet à l'échelle plus rapidement ;
- ne pas risquer une cessation de paiements si on ne parvient pas à atteindre ses objectifs chiffrés, car l'on bénéficie d'une marge de manœuvre en cas de ralentissement d'activité ou d'une crise externe ;
- parvenir plus facilement à attirer les talents, les investisseurs, les partenaires ou les clients.

**3. Proposition de valeur**

La proposition de valeur définit l'ensemble des bénéfices qui devront être apportés aux clients grâce au produit ou service. Dans sa forme, elle doit être courte, unique et pousser à l'achat tout en mettant en avant de manière claire et spécifique la différence par rapport à la concurrence.

Quelques exemples pour aller plus loin :
- Spotify : « La musique pour tous. Des millions de titres et podcasts. Aucune carte de crédit nécessaire » ;
- WhatsApp : « Une messagerie simple, sécurisée et fiable » ;
- Evernote : « Vous organiser sans effort » ;
- Deliveroo : « Les meilleurs restaurants de votre quartier livrés en trente minutes » ;
- Airbnb : « Louez des logements uniques auprès d'hôtes locaux dans plus de cent quatre-vingt-dix pays ».

**4. Avantage déloyal/Sauce magique**

Un avantage déloyal est une chose qui ne peut être facilement copiée ou achetée par les concurrents. Il est essentiel de créer en permanence ce type d'avantage et d'augmenter sa taille et son impact, voire d'en créer de nouveaux afin de générer de véritables barrières à l'entrée pour les concurrents.

Quelques exemples d'avantages déloyaux les plus courants : un ou plusieurs brevets, une équipe de rêve, une marque forte, une communauté très large, une grosse base client installée, des partenariats stratégiques de premier ordre.

**5. Traction**

En mettant en place avec sérieux les éléments ci-avant, il est très probable de rencontrer un intérêt croissant de la part du marché qui se traduira par une augmentation significative des différents indicateurs de performance de la start-up, regroupés sous cet intitulé « Traction ».

Les principaux indicateurs à suivre selon son type de business sont notamment :

- l'évolution de son chiffre d'affaires global/récurrent, de la marge brute et du panier moyen ;
- le nombre de commandes, téléchargements, abonnements, inscriptions… ;
- le trafic (nombre de visiteurs uniques, récurrence des visites…) ;
- les taux d'engagement (inscriptions sur les réseaux sociaux, nombre de partages, nombre de téléchargements, taux d'ouvertures des newsletters…) ;
- le taux de fidélité et le taux d'attrition (la proportion de clients perdus) ;
- le coût d'acquisition ;
- le nombre de distributeurs.

Les investisseurs regardent particulièrement ce point puisqu'il traduit la validation du business model et la capacité d'une équipe à l'exécuter de manière optimale. Pour information, selon l'étude annuelle d'Avolta Partners, le chiffre d'affaires moyen en 2021 des start-up ayant levé de l'argent en amorçage était de sept cent mille euros.

**6. Produit en adéquation avec le marché**

L'atteinte de ce niveau de chiffre d'affaires traduit l'adéquation parfaite entre le produit/service et les besoins du marché, le fameux *product market fit* théorisé par Marc Andreessen, entrepreneur et investisseur américain.

Il est assez facile de voir si l'on atteint cet objectif grâce aux éléments suivants :

- les clients achètent le produit aussi vite que l'entreprise est en mesure de le fournir ou les ventes augmentent aussi rapidement que de la capacité aux serveurs peut être ajoutée ;
- le bouche-à-oreille se propage rapidement et les clients et prospects font la promotion naturelle du produit ;
- le cycle de vente et le taux de transformation sont courts.

**7. Équipe**

Il est coutumier de considérer que l'équipe prime généralement largement dans le choix des premiers investisseurs d'une start-up car elle est à leurs yeux de loin le premier actif de la société. Ils recherchent une équipe professionnelle de haut niveau et complémentaire avec des compétences qui s'additionnent ainsi qu'une équipe cohérente qui a des valeurs partagées pour une vision commune.

Sur cette base, quelle serait l'équipe idéale ? De nombreuses personnes de l'écosystème considèrent que le triptyque optimal est le suivant : un profil commercial, un profil technique et un profil financier, avec au moins un des trois acteurs qui a parfaitement connaissance du secteur d'activité ciblé.

**8. Plan d'intéressement équipe**

Pour attirer les meilleurs potentiels, il est essentiel de construire de manière réfléchie une politique salariale optimisée et polymorphe compte tenu des faibles moyens disponibles pour une start-up, notamment les premières années, et qui doit s'articuler sur un mix savant entre les différents leviers suivants :

- des salaires fixes attractifs par rapport à la concurrence, d'où la nécessité de se comparer à l'ensemble de l'écosystème ;
- des salaires variables (primes, commissions, BSPCE, BSA, attribution gratuite d'actions…) ;
- de l'intéressement et de la participation ;
- de l'épargne retraite (PER, PER collectif, PER obligatoire…) ;

- une mutuelle santé renforcée (soins optiques et dentaires, hospitalisation, prévoyance…) ;
- des avantages matériels (véhicules de fonction, tickets-restaurants, chèques voyages, vélo électrique, covoiturage, ordinateur portable, tablette, smartphone…) ;
- des services ciblés (conciergerie, garderie, livraison de repas…) ;
- des moyens permettant de monter en compétences (formations, coachings, abonnements à des plateformes d'e-learning…) ;
- toute initiative permettant de donner du sens à son engagement (journée solidaire, journée dédiée au freelancing…) ;
- un équilibre entre vie professionnelle et personnelle couplé à de la reconnaissance, des opportunités de carrière et des conditions de travail optimisées.

**9. LinkedIn/CV**

En tant qu'entrepreneuse, le profil LinkedIn et le CV doivent être mis à jour en permanence, vendeurs et parfaitement en ligne avec la réalité du projet. Ainsi, pour optimiser son profil LinkedIn, nous vous recommandons les huit conseils suivants :

- actualiser sa photo de profil avec un arrière-plan professionnel et attractif ;
- ajouter une bannière à l'image de son entreprise et un titre qui la décrive le mieux en quelques mots (proposition de valeur ?) ;
- soigner sa présentation en mettant en avant sa situation actuelle, sa localisation, son parcours professionnel, son cursus scolaire, ses compétences et ses expériences extra-professionnelles et en utilisant des phrases courtes, des mots-clés, du contenu spécifique enrichi avec des présentations, des infographies, des liens utiles, des photos et des vidéos ;
- solliciter des recommandations auprès de son réseau proche et bienveillant ;

- créer et partager des contenus pour engager sa communauté, notamment des vidéos « natives », c'est-à-dire développées par soi-même ;
- maximiser sa visibilité et accessibilité en personnalisant son URL LinkedIn et en complétant ses coordonnées (mail, téléphone, profils réseaux sociaux, adresse du site web…) ;
- développer son réseau en rejoignant les groupes LinkedIn liés au métier/secteur, en suivant les pages de ses partenaires, de ses prospects ou des personnes influentes de ses marchés, en s'engageant sur leurs communications et en utilisant des *hashtags* ;
- traduire sa page au minimum en anglais et dans les différentes langues dans lesquelles on opère ou souhaite opérer.

**10. Conseil stratégique**

Il est recommandé de mettre en place lors de sa phase de développement un comité stratégique plus communément appelé « *advisory board* ». Très différent du conseil d'administration, il n'a aucun lien hiérarchique avec le porteur de projet, mais présente de nombreux atouts. Il permet en effet de :

- se doter de compétences qui ne sont pas présentes en interne au sein de la société ;
- intégrer des conseillers indépendants ;
- étendre son réseau d'influence et de bénéficier d'introductions et de recommandations auprès du réseau des membres du comité stratégique ;
- prendre du recul par rapport au quotidien de son activité ;
- gagner en crédibilité.

Pour lui donner toute sa force, nous vous recommandons fortement de :

- être ambitieux dans le choix des membres en visant les personnes les plus emblématiques et les plus influentes du marché. En parvenant à les convaincre, l'image de la société est renforcée ;

- éviter des membres de sa famille ou des amis proches ;
- chercher des vrais profils complémentaires afin de maximiser l'intelligence collective ;
- professionnaliser l'organisation de ses interactions : trois à six rencontres par an (idéalement en face-à-face mais possible également en distanciel), une définition claire des rôles de chacun, des objectifs concrets et des modes de fonctionnement structurés (convocation, ordre du jour, présentation stratégique, compte-rendu…) ;
- ne rémunérer les membres que lorsque les moyens de le faire sont à disposition, selon tous les systèmes possibles (bénévolat, rémunération à la réunion ou à l'année, distribution actions gratuites, échange de prestations…).

### 11. Posture

Lors d'échanges avec les investisseurs, il est primordial d'avoir la bonne posture afin de donner les meilleures chances à sa levée de fonds, c'est-à-dire :

- ne pas être arrogant ou agressif en essayant de montrer son expertise dans son domaine de prédilection ;
- ne pas donner l'impression d'une dépendance ou d'une trop grande fébrilité, y compris si l'enjeu est fort ou si les déstabilisations sont nombreuses.

Le bon positionnement est la mise en place d'un échange professionnel de pair à pair où est exprimé ce que l'on fait et où l'on fait ce que l'on dit.

### 12. Charte graphique

Dans toute levée de fonds ou développement d'une marque au sens large, le fond de la présentation n'est pas suffisant et la forme est également essentielle pour convaincre et transformer l'essai.

La charte graphique (logo, icônes, palette de couleurs, typographie, images et visuels ainsi que les différents gabarits de présentations) est ainsi la première chose remarquée et a un impact déterminant. Elle mérite donc une véritable attention et un travail qualitatif dès le lancement de son activité, car elle renforce l'image de marque et aide à se démarquer dans un environnement hautement concurrentiel. Elle permet également de renforcer la reconnaissance et l'attribution à une marque et de développer sa notoriété. Aussi, les erreurs à éviter sont les suivantes :

- créer un logo sans concept ou sans une identité forte ;
- suivre les tendances du moment ou copier la concurrence ;
- oublier les différents formats *print* ou digitaux (le logo aussi doit être *responsive*) ;
- avoir recours à trop de couleurs ou de polices de caractères ;
- opter pour un logo gratuit, bradé ou fait par soi-même sans formation de graphiste ;
- ne pas utiliser sa charte graphique sur tous ses supports de communication une fois développée.

**13. Infographie/Vidéo**

Pour soutenir son discours, avoir de l'impact et accompagner sa levée de fonds, il est également recommandé de privilégier la qualité à la quantité pour ses supports de communication, notamment en optant pour des outils comme les infographies et les vidéos.

**14. Mise à jour site web**

De même, pour pouvoir interagir avec de futurs investisseurs, il est clé de mettre à jour en permanence son site Internet et de s'assurer qu'il est parfaitement en ligne avec son positionnement, surtout en cas de pivot. Il est aussi conseillé de vérifier régulièrement – surtout avant des rendez-vous de premier ordre – l'ensemble des liens et des performances du site Internet (vitesse de chargement, accessibilité au contenu ou structure SEO). Enfin, il est également prudent de tester les numéros de téléphone éventuellement mis en avant et les tunnels de transformation afin d'identifier de potentiels dysfonctionnements.

**15. Congruence supports de communication**

Toutefois, le site Internet n'est pas le seul outil pour toucher ses différentes cibles et il faut absolument s'assurer de la congruence de tous ses supports de communication, de sa plateforme de lancement jusqu'au simple flyer distribué à ses prospects : mêmes messages, même iconographie et même tonalité. Si tel n'est pas le cas, il est nécessaire de revoir les supports obsolètes pour maximiser l'impact de sa communication.

**16. Elevator pitch**

L'elevator pitch permet, grâce à une présentation synthétique, claire et convaincante, de présenter en trente secondes son projet lors des très nombreuses occasions qui se présentent de manière quotidienne : présentation, conférence, salon professionnel, petit-déjeuner, soirée de networking, recherche de financement… Il doit permettre de capturer l'attention de son auditoire et le convaincre des avantages concurrentiels de son produit/service en répondant aux questions suivantes.

- Quel est le produit ou service ?
- À quelle cible s'adresse-t-il ?
- Quels sont son prix et son business model ?
- Quel est son avantage concurrentiel ?

Voici quelques bons conseils pour développer un pitch gagnant :

- personnaliser son pitch à son audience afin d'impliquer et d'engager à 100 % ses interlocuteurs ;
- capitaliser sur l'actualité pour susciter l'intérêt ;
- utiliser des métaphores et des comparaisons qui accélèrent la compréhension ;
- déployer un argumentaire qui raconte une histoire et qui embarque son auditoire ;
- vivre son pitch avec passion en couplant l'émotionnel avec le factuel ;
- avant de se lancer, tester son pitch auprès de son entourage proche pour le bonifier.

Un pitch est réussi si, à la fin de la présentation, entre un quart et un tiers de l'auditoire viennent à notre rencontre. Si ce n'est pas le cas, il faut se remettre à l'ouvrage et retravailler le pitch.

### 17. Executive summary

L'executive summary, également appelé *one pager*, est le premier document à faire parvenir à l'investisseur. Ce sera celui sur lequel il décidera ou non d'aller plus loin dans les échanges (80 à 85 % des projets sont refusés à ce stade), d'où son extrême importance.

Document d'une ou deux pages maximum, très visuel et structuré, il est le résumé opérationnel du projet et comprend :

- la proposition de valeur ;
- la présentation du produit ou du service ;
- la présentation de l'équipe et de ses dirigeants ;
- le marché et les principaux clients ;
- le business model ;
- les projections financières ;
- la demande de financement.

### 18. Pitch deck

Le pitch deck, avec le business plan, est le document phare de toute start-up. Il mérite un grand temps de préparation pour atteindre sa version optimale et convaincre de nombreux investisseurs.

Comprenant dix à vingt pages, il doit être travaillé aussi bien sur le fond que sur la forme et doit être testé et retesté avant d'être déployé. Par ailleurs, ce document n'est pas figé dans le temps et bien que la trame globale et l'idée de vente se retrouveront dans toutes les versions, il devra s'adapter et évoluer à chaque fois en fonction de l'auditoire pour avoir toutes les chances de transformer l'essai.

Sa structure se décompose de la manière suivante, en sachant que l'ordre des pages pourra être adapté pour raconter le meilleur récit du projet :

- la page de garde ;
- le problème, la solution/la proposition de valeur ;
- le produit ;
- le business model ;
- la taille du marché, la concurrence ;

- les avantages concurrentiels ;
- la stratégie de « mise sur le marché » ;
- la traction/les étapes clés ;
- les raisons d'y croire (articles de presse, partenaires, témoignages…) ;
- l'équipe, le conseil stratégique ;
- la demande de financement, l'utilisation des fonds.

### 19. Mail type

Une fois l'executive summary et le pitch deck réalisés, il faudra alors entrer un contact avec les investisseurs. Un bon moyen d'y parvenir est d'utiliser des mails d'approche. Pour exceller en la matière, suivez les conseils ci-dessous :

- se renseigner en détail sur le *business angel* ou le fonds ciblé afin de personnaliser entièrement le mail à envoyer ;
- porter une attention particulière à l'objet du mail pour qu'il suscite l'intérêt et donne envie d'en savoir plus (ex. : « Start-up SaaS leader sur son segment avec une croissance de 500 % par an ») ;
- aller droit au but en écrivant un mail court, impactant et précis (entre cinquante et cent cinquante mots) qui induise que la start-up correspond parfaitement à leur type d'investissement, qui créé du lien et qui met en avant les chiffres-clés, le niveau de revenus, la taille du marché potentiel et le montant du financement recherché ;
- ne pas vendre sa start-up à ce stade (cela sera fait dans les étapes suivantes ou, si cela est indispensable à ce stade, joindre obligatoirement son pitch deck) ;
- inclure un « *call-to-action* » clair, notamment la proposition d'un échange (trente à quarante minutes maximum).

### 20. Business model canvas

Un business model canvas (dont des modèles sont facilement téléchargeables en ligne) est l'outil ultime pour construire son business model de manière méthodique. En effet, il permet de manière synoptique de cartographier les neuf éléments clés du projet : les partenaires clés ; les activités clés ; les ressources clés ; la proposition de valeur ; la relation client ; les canaux de distribution ; les segments clients ; la structure de coûts ; les sources de revenus.

**21. Cartographie investisseurs**

Il s'agit d'une véritable perte de temps d'envoyer son pitch deck et son business plan à l'ensemble des fonds d'investissement (il existe près de quatre cents fonds actifs en France) et des *business angels* (au nombre de cinq mille cinq cents en France). Seule une très mince partie d'entre eux sera intéressée par le projet. Aussi, il faut effectuer un travail d'investigation pour personnaliser son approche et valider que le projet peut intéresser ses interlocuteurs selon les critères suivants :

- sa thèse d'investissement : le niveau de maturité de l'entreprise, son marché, ses clients, son modèle économique, son implantation géographique, ses technologies, son impact environnemental, son équipe ;
- ses participations passées qui donneront une idée du type de sociétés dans lesquelles il investit ou non (il n'y a aucune chance qu'un investisseur s'implique dans son projet s'il a déjà investi chez celui du concurrent direct) ;
- ses critères de sélection propres (écouter les interviews ou les podcasts des personnes ciblées par exemple) ;
- le montant de ses tickets d'investissement ;
- le stade d'investissement qu'il privilégie : pré-amorçage, amorçage, série A, série B ou série C.

**22. Modélisation financière**

Pour lever des fonds, la création d'une modélisation financière prenant en compte ses revenus, ses dépenses et ses besoins en capital est essentielle. Les étapes clés pour son élaboration se répartissent comme suit :

- collecte des données internes et externes : études de marchés, statistiques (niveau des salaires, taux des charges sociales et

fiscales, taux d'intérêt, taux de change…), analyse des concurrents, benchmark de modèles financiers, historique des données du passé si existantes… ;
- développement des prévisions des ventes par produit et service ;
- élaboration des ressources nécessaires à l'atteinte des objectifs ;
- définition des prix sur la base de la structure des coûts (directs et variables) et les calculs du seuil de rentabilité et de la marge ;
- estimation des besoins en fonds de roulement de la société ;
- estimation des besoins en financement (montants et dates).

### 23. Business plan

Sur la base de cette modélisation financière, il est possible de construire son business plan au format Excel. Comme pour le pitch deck, la forme est aussi importante que le fond, donc ce document aura vocation à se bonifier avec le temps, en ajoutant une page de garde avec le logo, des couleurs qui reprennent la charte graphique, des tableaux clairs et faciles à lire, une structure qui permette une compréhension immédiate du business model et de la projection des chiffres.

En termes de structure, il se décompose de la manière suivante :

- des tableaux et un graphique qui reprennent les chiffres-clés : revenus/charges/résultat net sur les trois à cinq ans ;
- le détail des hypothèses et justifications du chiffre d'affaires et des charges internes et externes dont l'ensemble de la construction de la masse salariale ;
- le compte de résultat ;
- le bilan prévisionnel ;
- le tableau de trésorerie ;
- le plan de financement.

### 24. Valorisation

La grande question à se poser à ce stade est : *quelle est la valorisation de ma société ?* Il existe ensuite plusieurs méthodes d'évaluation :

- la méthode des investisseurs : elle se base sur des hypothèses de projection et sur les perspectives de croissance de la start-up par rapport au secteur d'activité et au business model ;

- la méthode des multiples ou des comparables : elle permet à partir d'un multiple de valorisation (multiple du chiffre d'affaires, multiple de l'EBITDA, multiple du résultat net…), c'est-à-dire d'un coefficient calculé à partir de l'historique des valeurs du marché, d'estimer la valeur d'une entreprise en levée de fonds ;
- la méthode des *discounted cash-flows* (DCF) : elle consiste à déterminer les flux de trésorerie futurs d'une entreprise et de les actualiser pour indiquer la valeur à un temps *t*.

Quelle que soit la méthode, le recours à un professionnel est essentiel pour mener à bien et de manière professionnelle cette étape.

**25. Q&A**

Pour se donner toutes les chances d'aller au bout d'un processus de sélection et obtenir un financement dilutif ou non dilutif, nous recommandons fortement de se préparer.

Pour ce faire, il faudra commencer par rédiger une cinquantaine de questions dont il est fort probable qu'elles seront posées lors des différents processus de sélection (s'inspirer des questions dont on a l'habitude et penser aux questions techniques liées au dossier spécifique concerné). Ensuite, il est recommandé de formaliser par écrit de manière exhaustive les réponses idoines documentées et argumentées, avec de nombreuses données, des chiffres clés, des succès et des références impactantes.

**26. Entraînement**

Une fois les différents supports précédents développés et les réponses rédigées aux probables questions des investisseurs, nous conseillons de s'entraîner de manière intensive en interne (avec ses collaborateurs ou des membres de son conseil stratégique) ou avec des experts externes (spécialistes de la prise de parole en public, coachs…). Un bon conseil consiste notamment à se filmer et revisionner sa performance pour se corriger, gagner en charisme ou en confiance et mieux assimiler les éléments clés d'une prise de parole qui tournent autour de sa capacité à :

- adapter sa communication à son auditoire ;
- définir le (ou les) objectif(s) clé(s) de son intervention ;
- communiquer avec persuasion ;
- utiliser au mieux sa communication corporelle et non verbale ;
- maîtriser sa nervosité et son niveau de stress.

Steve Jobs, qui présentait de nombreuses aptitudes à la prise de parole en public, mobilisait ainsi quinze jours complets de son agenda pour se préparer à la présentation de ses célèbres *keynotes* afin de fignoler chaque détail sur le fond comme sur la forme.

**27. Expertise marché/concurrence**

Après étude et accompagnement de nombreux dirigeants ayant levé des fonds, une caractéristique commune émerge dans leur profil : leur connaissance absolue de leur marché et de ses leviers de croissance potentiels, ainsi que de tous les concurrents directs et indirects et l'ensemble des personnes qui influencent leur écosystème.

Pour y parvenir, ils se sont documentés, ont rencontré des acteurs en face-à-face et ont compilé l'ensemble des données clés de leur secteur. Ils ont probablement également effectué l'exercice suivant que nous conseillons de réaliser :

- cartographier l'ensemble de ses concurrents directs et indirects ;
- visiter en détail leurs sites Internet ;
- récupérer et structurer les informations suivantes :
  - fiche signalétique : implantation, date de création, dirigeant, chiffre d'affaires, chiffres clés, montant des levées de fonds, cible de clientèle ;
  - analyse de l'offre ou du service : définition, positionnement, avantages concurrentiels, prix… ;
  - analyse de l'univers sémantique : slogan de la marque, promesse, arguments de vente… ;
  - nuage des mots les plus utilisés sur le site ;
  - références clients mises en avant ;
- parcourir toutes les étapes du process de vente en ligne pour les sites marchands.

### 28. Roadmap

L'exercice précédent permet d'avoir une vision claire du développement produit nécessaire pour créer un avantage concurrentiel durable sur son marché. À ce stade, il n'y a plus qu'à poser noir sur blanc sa roadmap produit pour les trois à cinq ans à venir, en priorisant les projets ayant le meilleur retour sur investissement (rapport coût/bénéfice) et ceux qui auront autant de valeur pour les clients que pour la start-up. Ce document devra inclure :

- la liste des prochains attributs ou fonctionnalités du produit ;
- la liste des parties prenantes et des équipes impliquées pour chacun des nouveaux attributs ;
- le classement des caractéristiques par ordre de priorité ;
- le calendrier de développement des nouvelles caractéristiques produit.

Cette roadmap pourra être incluse dans une version simplifiée du pitch deck.

### 29. Coût d'acquisition client

Assimilé au carburant de la start-up, le coût d'acquisition client se calcule en divisant l'ensemble des dépenses marketing et commerciales par le nombre de nouveaux clients sur la période. Il est ainsi primordial de le monitorer en permanence pour s'assurer d'une bonne gestion. Systématiquement demandé par les futurs investisseurs, il comprend les postes de dépenses ci-dessous :

- les charges de personnel incluant les salaires, les primes et les commissions ;
- les cadeaux clients ;
- les salons, conférences et événements ;
- les dépenses médias ;
- les campagnes d'e-mailing ;
- les relations publiques ;
- les réseaux sociaux ;
- les dépenses de contenu (blog, viralité…) ;
- les dépenses Internet (site, SEO, SEA, affiliation…).

**30. Exécution**

On pense souvent à tort que l'idée sur laquelle repose une start-up est clé. Or, bien des start-up prospères ont été développées sur des idées relativement simples mais exécutées de manière parfaite et sans faille.

De ce fait, il est normal que les investisseurs, dans tout le process d'échanges pendant la levée de fonds portent une attention toute particulière sur la qualité de l'exécution de l' (ou des) idée(s) : respect absolu des timings, rendu des supports, qualité des échanges, management des situations… Il est absolument clé d'y apporter une attention importante.

**31. Reporting**

Dès le début de son activité, et pour la bonne gouvernance de sa société, mettre en place un reporting de qualité est essentiel. Ce dernier, pour être efficace et pour aider à prendre les bonnes décisions, doit reposer sur les bonnes pratiques suivantes :

- être basé sur les spécificités produit ou service et inclure les indicateurs clés métiers ;
- inclure au minimum les éléments suivants : le plan de financement à un an, la synthèse du pipeline commercial (tableau de suivi de l'ensemble de ses prospects selon les différentes phases du processus de vente) et les indicateurs clés (ex. : pour une application SaaS, suivre de près les ventes d'abonnements mensuels, le chiffre d'affaires d'abonnements pour les douze prochains mois, le revenu moyen par client, le taux d'attrition des clients, le taux de rétention, le coût d'acquisition client ou le revenu total espéré par client) ;
- être produit autant que possible de manière totalement automatisée ;
- être construit sur-mesure : cela peut inclure des tableaux et des graphes par exemple ;
- partager au minimum de manière mensuelle avec les collaborateurs, le conseil stratégique et les investisseurs.

**32. Contact base clients**

L'écoute de ses clients pourtant si importante pour prendre les bonnes décisions est souvent négligée par manque de priorisation ou de temps. Or, quoi de plus simple que d'appeler ou d'échanger régulièrement avec ses clients et prospects pour comprendre ce qu'ils aiment ou ce qu'ils aiment moins ? Cela permet d'aider à construire plus facilement sa roadmap produit et d'accélérer sa traction.

Frédéric Mazzela, fondateur de Blablacar, a notamment coutume de raconter qu'il a appelé ses deux mille premiers clients un à un pour connaître leur retour sur son nouveau service, lui ayant permis d'améliorer l'expérience client et de favoriser l'adoption de l'offre. Toutefois, si une base clients est trop importante, il est alors possible d'utiliser de nombreuses solutions marketing automatisées pour collecter et agréger le feedback de ses clients.

**33. Vérification inversée**

Lors de la phase d'instruction, les fonds d'investissement font de nombreuses vérifications sur l'équipe et la société, ce que l'on appelle dans le jargon la *due diligence*. Après plusieurs années (de trois à dix ans) de collaboration avec les investisseurs, il est alors recommandé de faire à son tour une analyse de ses investisseurs pour s'assurer que la « comptabilité » est toujours au rendez-vous.

Le meilleur moyen d'y parvenir est de contacter plusieurs start-up qui sont ou ont été financées par le fonds concerné et de leur poser toutes les questions qui permettront d'évaluer l'adéquation commune.

**34. Critères ESG**

Même si sa start-up n'est pas spécifiquement dans la catégorie des start-up à impact, il est fortement recommandé d'intégrer dans l'ADN de sa marque des critères ESG (environnementaux, sociaux ou de gouvernance) dans l'offre produit ou dans le management.

En effet, l'étude de 2021 du cabinet de conseil PwC montre que 66 % des investisseurs considèrent que la politique ESG des start-up est une source de création de valeur dans leur décision d'investissement.

### 35. Networking financeur

On ne désire que ce que l'on côtoie ou connaît. Il faut donc absolument se rendre visible des investisseurs, car en contactant un investisseur qui n'a jamais entendu parler de sa marque ou lu des informations à son propos, il sera plus difficile de le convaincre ou de le séduire. Pour ce faire, il est conseillé d'utiliser toutes les occasions suivantes pour se rendre visible :

- présence dans les médias ;
- lauréat dans les concours et appels à projets ;
- participations à des pitchs sessions en présence d'investisseurs ;
- participations à des salons professionnels liés à l'entrepreneuriat comme le salon SME, les salons Go Entrepreneurs ou le salon Vivatech.

### 36. Banque

Le premier partenaire clé d'une activité est le banquier. Il doit ainsi être en mesure de comprendre le business model et de le suivre dans toutes les phases du développement. Il pourra alors intervenir à de nombreuses étapes de la vie de l'entreprise pour :

- compléter des tours d'investissement et limiter la dilution (effet de levier : un euro de dette pour deux euros investis) ;
- autoriser des facilités de paiement ;
- obtenir un crédit-bail ;
- prodiguer des conseils avec des structures et des interlocuteurs dédiés en interne.

Faire en sorte d'être suivi à un bon niveau par un conseiller permettra de porter le message souhaité au sein de l'institution bancaire afin d'obtenir les meilleurs soutiens.

### 37. Expert-comptable

Il est important de faire appel à un expert-comptable qui travaille déjà avec de nombreuses start-up et qui connaît particulièrement bien le mode de fonctionnement du secteur de l'innovation : la connaissance de l'écosystème, les principes de la levée de fonds, les processus d'aides, les différents crédits d'impôts spécifiques au secteur, le calcul de la valorisation… Or, la majorité des start-up ne sont pas rentables. L'expert-comptable ne peut donc pas procéder à la même méthode de calcul qu'il utilise pour le reste de son portefeuille de clients.

De même, pour gagner du temps, privilégier des experts-comptables digitalisés permettra entre autres de piloter à distance en temps réel son activité, notamment pour la gestion de trésorerie et du prévisionnel, de gérer au mieux ses dépenses (module de note de frais, centralisation des justificatifs…) ou de payer ses factures en un clic.

**38. Avocat M&A**

Dans la même lignée que l'expert-comptable, nous recommandons, lors d'un processus de levée de fonds compte tenu de sa complexité et des implications potentielles de prises de mauvaises décisions, d'avoir recours à l'aide d'un avocat expert en fusions et acquisitions (à privilégier par rapport à un avocat généraliste en droit des affaires). Dans le cas d'une levée de fonds dans un pays autre que la France, il est nécessaire de se faire accompagner par un cabinet d'avocats ayant une filiale ou maîtrisant le droit des affaires spécifique du pays concerné.

Ce professionnel, en plus de sécuriser la transaction, pourra aider dans les démarches suivantes :

- élaboration de la stratégie de financement ;
- négociation des *term sheets* ;
- confection de la documentation sociale (rapport, procès-verbaux, bulletins de souscription…) ;
- rédaction de la documentation contractuelle (pacte d'associés, déclarations et garanties) ;
- organisation de la data room ;
- coordination et tenue du closing ;
- réalisation des formalités légales.

### 39. Accompagnement par un leveur

Enfin, le dernier acteur essentiel est très probablement l'accompagnement d'un leveur dont l'apport peut s'avérer clé pour deux raisons principales :

- une levée de fonds va mobiliser environ 70 % du temps de son dirigeant pendant six à neuf mois. Or, l'apport d'un expert de la levée de fonds permet de réduire d'environ 50 % ce temps contraint et donc de continuer à développer son chiffre d'affaires et de faire évoluer son produit ou service ;
- une levée de fonds est un exercice d'une grande complexité. Or, un leveur dont c'est le métier permet de mieux se préparer, d'optimiser l'ensemble des documents à produire et d'éviter de faire des erreurs préjudiciables pour l'avenir.

### 40. Pacte d'actionnaires

Contrat qui encadre les relations entre les différents associés de la société, le pacte d'actionnaires est un document juridique et technique qui protège les intérêts communs et facilite la résolution des éventuels futurs litiges. Il intègre quatre grands types de clauses :

- les clauses financières et de gestion courante, dont l'institution des organes de direction et de contrôle, le reporting, les situations de blocage, la répartition des bénéfices, les droits de souscription et le financement ;
- les clauses relatives à la cession des parts sociales, dont l'agrément, l'incessibilité et l'inaliénabilité, le droit de préemption, la sortie conjointe, la clause de suite, le « *buy or sell* » et l'antidilution ;
- les clauses relatives au droit de vote, dont l'information renforcée ou la consultation ;
- les clauses générales, dont la confidentialité, la clause pénale, la non-concurrence, la clause d'arbitrage et la conséquence en cas de décès d'une des parties.

Il est fortement conseillé de faire appel à un avocat pour le rédiger et de le mettre en place dès le lancement de l'activité ce qui permettra dès lors de faire appel à des investisseurs et d'avoir un pacte qui reflète bien la vision commune.

### 41. Data room

La data room est l'espace virtuel sécurisé où mettre à disposition l'ensemble des informations clés concernant l'entreprise et permettant à de futurs investisseurs de faire leur travail d'analyse et de vérification. On distingue ainsi plus une centaine de sections de documents contenus dans neuf catégories principales : les documents sociaux ; les documents lies aux impôts et taxes ; les différents états financiers ; les contentieux significatifs ; les contrats significatifs ; les biens immobiliers et mobiliers ; les droits de propriété intellectuelle et industrielle ; les ressources humaines ; les assurances.

Le conseil ici est de mettre en place cette data room dès le début du processus de levée de fonds et de la remplir au fur et à mesure, plutôt que de le faire au dernier moment. Cela demande en effet deux fois plus d'effort et ne garantira pas de pouvoir récupérer facilement l'exhaustivité des documents demandés.

### 42. Sortie

Le dernier point à travailler pour sa levée de fonds est de définir avec précision la courbe d'investissement idéale avec le montant d'argent dont on a besoin, le nombre de tours de financement et la manière dont sont envisagées les sorties de chacun des investisseurs. En effet, l'investisseur, mis à part les personnes de son cercle proche (*love money*), ne place pas son argent dans une start-up sans chercher à maximiser son investissement et donc à pouvoir sortir à plus ou moins long terme.

Les principales possibilités de sortie sont alors :

- le rachat des parts par de nouveaux investisseurs ;
- le rachat des actions par une autre société ;
- une introduction en Bourse (IPO) de la société ;
- le rachat des parts aux investisseurs par le (ou les) dirigeant(s).

## Les alternatives aux levées de fonds

Si la levée de fonds n'est pas envisageable, il existe de nombreuses autres façons de se financer dont les plus courantes sont les suivantes.

* **BpiFrance**

Acteur incontournable du financement en France, la Banque publique d'investissement (BpiFrance) dispose d'un grand nombre de véhicules pour financer l'innovation. Ainsi, en 2022, elle a accompagné six mille quatre cent cinquante-et-une entreprises pour un montant total de 4,47 milliards d'euros.

Ses principales aides s'articulent autour des axes suivants :

- financement recherche et développement : bourse French Tech, aides à la faisabilité (subventions) et avance innovation (avances récupérables et prêts à taux zéro) ;
- financement de programmes collaboratifs d'innovation ;
- prêt d'amorçage : pour préparer ou accompagner sa levée de fonds ;
- prêt innovation : pour lancer sur le marché des produits et des services innovants ;
- concours d'innovation : i-nov, i-lab, i-phd ou i-demo ;
- investissements en fonds propres dans les pôles d'investissement suivants : investissements transverses dans les entreprises stratégiques de la défense, industries culturelles et créatives, *large venture* pour les sociétés Tech en hypercroissance, *digital venture*, BioTech, EcoTech et sociétés de projets industriels.

* **Les concours nationaux, régionaux et internationaux**

– *Be a Boss Awards* (France)

Conçu pour nourrir la réflexion entrepreneuriale, les *Be a Boss Awards* permettent à plus de mille femmes entrepreneuses d'assister au forum de leur région (Occitanie, Nouvelle-Aquitaine, Pays de la Loire, Auvergne-Rhône-Alpes, Ile-de-France, Sud, Centre Val-de-Loire, Antilles Guyane, Grand Est, Hauts-de-France) et/ou de présenter localement leur projet en vue de concourir aux Awards. À chaque étape du *Be a Boss Tour*, sept entrepreneuses présélectionnées sur dossier présentent leur projet devant un jury avec l'objectif d'être sélectionnées pour la grande finale parisienne. L'intérêt de cette remise de prix pour ces entrepreneuses est de susciter des vocations entrepreneuriales chez les plus jeunes, aider à lever les freins et blocages auxquels elles font face, booster leur ambition entrepreneuriale, identifier les futures pépites régionales et nationales, faire rayonner leurs projets grâce à la visibilité du tour. Le concours permet aux trois lauréates de recevoir trente mille euros d'espaces publicitaires dans une cinquantaine de médias nationaux en ligne.

– *Business O Féminin Award* (France)

Fondés par Véronique Forge-Karibian (journaliste et fondatrice de *Business O Féminin* et du *Business O Féminin Club*), les *Business O Féminin Awards* récompensent chaque année depuis six ans les entrepreneuses qui disruptent et inventent le monde de demain dans quatre catégories : scale-up pour les entreprises en pleine croissance ; start-up pour celles d'au moins six ans d'existence ; impact pour les start-up à impact social et/ou environnemental ; young pour les talents de demain (12-24 ans). Les start-up gagnantes sont accompagnées dans leur développement par les partenaires des Awards et un abonnement marque d'un an sur *Business O Féminin* pour une visibilité maximale.

– *Business with Attitude* (France)

Depuis sept ans, *Madame Figaro* organise ce concours qui a pour objectif de couronner l'entrepreneuriat féminin. Il est composé de quatre prix répartis en quatre catégories : culture et savoirs, création, next Techs/services, nouvelles solidarités. Une finaliste par catégorie est élue et voit alors son portrait publié dans *Madame Figaro*. Les finalistes intègrent également la communauté d'entrepreneuses du magazine. La lauréate désignée lors de la cérémonie finale bénéficie d'un an d'exposition au sein de *Madame Figaro*, du

*Figaro Entrepreneurs* et du *Figaro Économie*. Aussi, pour participer, il faut avoir créé en France ou à l'international une entreprise qui a entre un et huit ans d'existence, cumuler deux cent cinquante mille euros de chiffre d'affaires et/ou d'aides levées sur son dernier exercice, défendre un projet à impact social, sociétal, environnemental, une vision forte ou encore une nouvelle façon de manager. En plus du trophée *Business with Attitude* sont remis les prix *Potentielles* pour soutenir les projets moins visibles, ainsi que le coup de cœur du public.

– *Challenge Ambition'elles* (France)

Organisé depuis 2011 par l'association Action'elles, ce concours récompense des projets entrepreneuriaux français créés par des femmes. Il a pour objectif de promouvoir l'esprit d'entreprendre des femmes en les encourageant à développer leur activité, à prendre des initiatives et à réseauter. En plus d'une possibilité de gagner en visibilité et d'agrandir son réseau, dix mille euros de prix au total sont distribués aux demi-finalistes et aux deux lauréats du concours. De plus, pour la lauréate du prix coup de cœur du public, une journée de formation, une interview filmée et diffusée et des prestations lui sont offertes. Pour la lauréate du prix *Ambition d'avenir*, mille cinq cents euros de financement, deux journées de formation, une interview filmée et diffusée, une journée de coaching et un grand nombre de prestations lui sont également offertes.

– *Prix des Entrepreneuses* (France)

Organisé pour la quatorzième fois par l'association Force Femmes, ce prix s'adresse à toutes les femmes de plus de 45 ans à la tête d'une entreprise et ayant créé leur activité en France avec au moins un premier exercice comptable. Le prix récompense trois lauréates pour leur création d'entreprise et leur remet une dotation financière de cinq mille euros chacune pour les aider à développer leurs activités.

– *Tremplin Startups des Assises de la Parité* (France)

Organisé tous les ans par le réseau IWF depuis 2021 en collaboration avec l'incubateur EpokaUp et KPMG, et avec les partenaires des Assises, il s'adresse exclusivement aux start-up fondées ou cofondées par des femmes et compte quatre catégories (*bootstrap*, *seed*, *breakeven*, *for good*), un prix coup de cœur du public et, enfin, trois prix coups de cœur (Epoka, Apec, Dassault Systèmes). À titre d'exemple, voici les dotations mises en jeux lors de l'édition 2023 : cinq rendez-vous avec des membres de l'IWF France au choix ; accompagnement et mises en relation business avec des entreprises de l'écosystème par l'agence Epoka la filiale start-up de l'Organisateur (Epoka Up) ; coaching et accompagnement sur le volet financier (KPMG) ; visibilité sur les espaces de communication des Assises de la Parité et de l'agence Epoka au travers notamment d'une vidéo de présentation du lauréat diffusée sur le site et possiblement relayée sur les réseaux sociaux ; visibilité médiatique ; prix de trente mille euros de Dassault Systèmes…

– *L-Impact Awards* (France)

Cet événement fondé en 2022 par l'association éponyme est dédié aux start-up détenues ou codétenues par des femmes représentées par tous les acteurs de l'écosystème entrepreneurial et couronné de nombreux prix de la part des différents partenaires.

– *Créatrices d'avenir* (Ile-de-France uniquement)

Organisé par Initiative Ile-de-France, réseau associatif de financement et d'accompagnement des entrepreneurs, ce concours vise à mettre en lumière, à valoriser et à faire émerger des femmes entrepreneuses sur le territoire francilien (entreprises créées avec plus de 50 % des parts dans les mains d'une ou plusieurs femmes). De nombreuses catégories de trophées sont ouvertes chaque année et ont accueillies en 2022 au total trois cent quarante-cinq candidatures pour quatre-vingts nominés, quinze finalistes et sept lauréates (trophée de l'audace – récompense une femme ayant créé ou repris une entreprise dans un secteur traditionnellement masculin –, trophée entreprise responsable – récompense une femme ayant créé ou repris une entreprise conciliant activité économique et responsabilité sociale ou environnementale –, trophée innovation – récompense une femme ayant créé ou repris une entreprise s'inscrivant dans une démarche innovante au sens large –, trophée quartier – récompense une femme issue ou habitante d'un quartier prioritaire de la politique de la ville (QPV) ayant créé ou repris une activité –, trophée savoir-faire – récompense une femme ayant créé ou repris une entreprise mettant à l'honneur une technique de fabrication, de réparation, de transformation ou de prestation de services relevant de l'artisanat). Chacune des lauréates récompensées remporte une dotation financière de sept mille cinq cents euros pour la grande gagnante *Créatrice d'avenir* et quatre mille cinq cents euros pour les trophées thématiques et le trophée du public, ainsi qu'une ou plusieurs dotations d'accompagnement à hauteur de trente mille euros au total, délivrées par les partenaires du concours : visibilité médiatique, billets d'avion, coaching, conseil patrimonial….

– *Toutes pour elles* (Manche uniquement)

Ce concours organisé par le collectif Toutes pour Elles – Osez entreprendre ! s'adresse aux femmes souhaitant créer ou développer leur entreprise dans le département de la Manche avec un minimum de 51 % des parts. Le concours s'articule autour de quatre catégories : émergence (femmes ayant un projet en cours avec une création prévue dans l'année dans la Manche), jeune pousse (femmes ayant créé ou repris une entreprise dans la Manche étant en activité depuis moins de six mois), jeune entreprise (femmes ayant créé ou repris une entreprise dans la Manche et étant en activité depuis plus de six mois et moins de trois ans), développement (entreprises de la Manche de plus de trois ans avec augmentation significative du chiffre d'affaires, du recrutement ou nouvelle implantation). La lauréate de chaque catégorie bénéficie d'une dotation de mille deux cents euros et le coup de cœur de chaque catégorie bénéficie d'une dotation de six cents euros (dotation financière ou en prestation)

– *Entrepreneures de Talents* (Pays de la Loire uniquement)

Ce concours, organisé depuis 2010 par les Chambres de métiers et de l'Artisanat des Pays de la Loire avec le soutien de la direction régionale aux Droits des femmes et à l'égalité, dans chacun des départements de la région (Loire-Atlantique, Maine-et-Loire, Mayenne, Sarthe et Vendée), s'adresse aux dirigeantes d'entreprises (détenant plus de 50 % du capital), avec moins de cinquante salariés et entre un an et dix ans d'ancienneté. Le concours est réparti en trois catégories, chacune accompagnée d'un prix de mille cinq cents euros : prix jeunesse pour les entrepreneuses de moins de 30 ans, prix innovation qui récompense le caractère innovant du projet (innovation sociale, environnementale, RH, commercial), prix engagement à destination des femmes engagées dans des projets où l'efficacité économique est au service de l'intérêt général (dimension sociale, solidaire ou environnementale).

– *Les Margaret* (Europe et Afrique)

Destiné aux entrepreneuses d'Europe et d'Afrique, le prix *Les Margaret* est organisé par la Journée de la femme digitale (JFD). Ce prix récompense chaque année des femmes entrepreneuses ou intrapreneuses en Europe et en Afrique, dont les projets et innovations répondent aux grands enjeux sociétaux ou environnementaux. Parmi les finalistes, une lauréate est élue dans chacune des catégories suivantes : entrepreneuse Europe, intrapreneuse Europe, entrepreneuse Afrique, intrapreneuse Afrique. Les lauréates bénéficient alors d'un programme d'accélération de croissance et de notoriété : exposition médiatique valorisée à un million d'euros pendant un an, opportunités de prises de parole sur de grands événements internationaux, équipements numériques, sessions de coaching/mentoring avec les partenaires de la JFD, financement d'une partie de leur projet.

– *Julie Mas* (Océan Indien et La Réunion)

Depuis 2007, via l'association Efoir (Entreprendre au féminin océan Indien Réunion), le prix *Julie Mas* est décerné chaque année à six femmes par an pour récompenser et promouvoir l'entrepreneuriat féminin. Il récompense notamment les meilleurs projets féminins sur l'île de La Réunion autour de plusieurs thèmes : économie du terroir, économie sociale et solidaire, nouveaux emplois, innovation/formation, santé/bien-être, économie circulaire avec des dotations financières allant de mille cinq cents à trois mille euros.

– *Bold Woman Award* (international)

Le *Bold Woman Award* de Veuve Clicquot récompense les créatrices d'entreprise accomplies, qui se démarquent par leur capacité à transformer leur secteur d'activité, à réinventer les traditions, à favoriser l'éthique, par exemple en soutenant la diversité ou les démarches environnementales. En parallèle de ce prix, la Maison a lancé en 2014 le *Bold Future Award* qui récompense les jeunes entrepreneuses. La condition : avoir créé son entreprise il y a moins de trois ans, avoir prouvé la solidité de son business model et être en croissance.

⁎ **Le crowdfunding**

Forme de financement de plus en plus populaire, le financement participatif ou crowdfunding a collecté en 2022, selon le baromètre du crowdfunding développé par l'association Financement Participatif France et Mazars, la somme de deux mille trois cent cinquante-cinq millions d'euros sur les soixante-sept plateformes identifiées en France, soit une croissance de 25 % par rapport à 2021. Ainsi, il existe trois grands types de crowdfunding.

1. Le crowdfunding sous forme de don sans ou contre récompense dont les chiffres clés sont :
   - pour les dons sans récompenses :
     - nombre de projets financés = 108 418
     - montant moyen de la collecte = 467 €
     - nombre moyen de financeurs par projet = 21
     - contribution moyenne par financeur = 22 €
   - pour les dons avec récompenses :
     - nombre de projets financés = 7 737
     - montant moyen de la collecte = 7 252 €
     - nombre moyen de financeurs par projet = 89
     - contribution moyenne par financeur = 82 €

Les acteurs clés sur le marché français pour le crowdfunding sous forme de don sont :

- généralistes : Indiegogo, Kickstarter, KissKissBankBank, Ulule ;
- spécialistes : transition écologique et solidaire (BlueBees, Zest, Dalendo, MyMoneyHelp), agriculture et alimentation (Miimosa), monde du vin (WineFunding, Fundovino), artistes (Proarti), jeunes (Wweedoo), associations (HelloAsso, Ma Belle Tribu), patrimoine (Dartagnans), collectivités (Collecticity), PME/start-up (Tudigo) ;
- géographiques : Bretagne (Gwenneg, Kengo), Auvergne-Rhône-Alpes (Kocoriko), Hauts-de-France (Tributile, MaFinanceLocale.fr), Manche (OZE), Nouvelle-Aquitaine (Adopte un Projet), Vendée (Vendée-Up).

2. Le crowdfunding de prêt ou crowdlending dont les chiffres clés sont :
   - pour les prêts rémunérés :
     - nombre de projets financés = 1 745
     - montant moyen de la collecte = 173 318 €
     - nombre moyen de financeurs par projet = 57
     - contribution moyenne par financeur = 3 052 €
   - pour les obligations (titres de créance avec une promesse de remboursement des intérêts) :
     - nombre de projets financés = 1 775
     - montant moyen de la collecte = 1 007 758 €
     - nombre moyen de financeurs par projet = 54
     - contribution moyenne par financeur = 18 512 €

Les acteurs clés sur le marché français pour le crowdfunding de prêt sont : October, Bolden, Investbook, Bienprêter, Lendopolis, Wiseed, PretUp, Crédit.fr, Lita.co, Lendosphere, Enerfip, Prexem, Solylend.

3. Le crowdfunding en capital ou crowdequity dont les chiffres clés sont :
   - pour les financements en capital :

- ○ nombre de projets financés = 301
- ○ montant moyen de la collecte = 488 512 €
- ○ nombre moyen de financeurs par projet = 90
- ○ contribution moyenne par financeur = 5 420 €

– pour les financements en royalties :

- ○ nombre de projets financés = 74
- ○ montant moyen de la collecte = 41 713 €
- ○ nombre moyen de financeurs par projet = 33
- ○ contribution moyenne par financeur = 1 281 €

Les acteurs clés sur le marché français pour le crowdfunding en capital sont : HappyCapital, Finple, SoWeFund, Vatel Direct, We Do Good, Les entrepreteurs, MyOptions, Equisafe, WeFundia, Feedelios.

Ainsi, pour améliorer de manière sensible ces chiffres et entrer dans le top 10 des campagnes qui performent le plus, il est recommandé de suivre les conseils suivants.

* Bien choisir sa plateforme de crowdfunding parmi celles citées précédemment en se renseignant en détail sur leurs modes de fonctionnement : le taux de commission (entre 5 et 12 % des sommes récoltées), le niveau de support et l'accompagnement recherché ou le profil des campagnes ayant déjà obtenu des financements et les niveaux obtenus.
* Définir avec précision ses messages clés en donnant du sens à son projet tout en s'inscrivant dans l'actualité du moment afin de donner un maximum de chances à sa campagne. Tester ces messages auprès de son écosystème pour évaluer leur impact et leur résonance et les affiner sur la base des feedbacks.
* Opter pour la période (saisonnalité, actualité, environnement favorable…), la durée (entre quatre et six semaines) et le montant idéal pour la campagne (suffisamment ambitieux pour positionner le projet au bon niveau et garantir l'obtention des fonds).

- Développer des outils de communication de grande qualité en s'inspirant des meilleures campagnes : visuels clés, vidéo de présentation, post réseaux sociaux, campagnes d'e-mailing, communiqué de presse… ce qui nécessitera un budget conséquent si l'on ne dispose pas des compétences en interne.
- Activer l'ensemble de son réseau (voir schéma ci-après) en tentant de mobiliser un grand nombre de personnes, notamment auprès des partenaires du projet, en négociant sa présence sur un maximum de leurs supports de communication : newsletters internes et externes, sites Internet, posts réseaux sociaux, campagnes d'e-mailing, articles de blog.

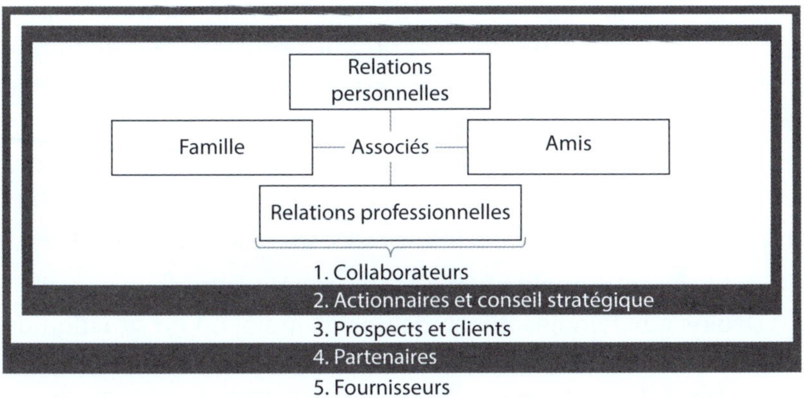


Source : For Value.

- Coupler sa présence sur des supports de communication avec une campagne de relations presse avec ou non l'aide d'une agence spécialisée.
- S'assurer que l'ensemble de cette visibilité est synchronisé avec le début de la campagne de crowdfunding afin de maximiser l'impact. À savoir que la première semaine est primordiale pour le succès global de l'opération. Il faudra par ailleurs définir un calendrier précis à piloter au jour le jour.

* Animer la campagne pendant toute sa durée avec une communication par semaine vers les cibles identifiées, notamment en mettant en avant les chiffres clés, le rappel des contreparties proposées, l'actualité du projet, les témoignages des parties prenantes…
* Ne pas craindre d'être créatif tant sur le fond que sur la forme de la campagne afin de pouvoir émerger par rapport aux nombreuses sollicitations que reçoivent les internautes en s'attachant à créer de la viralité et de l'urgence de participer au développement du projet.
* Pendant et après la campagne, saisir toutes les opportunités commerciales qui seront générées et s'assurer de bien intégrer, animer et fidéliser tous les nouveaux contacts de la marque.

En conclusion, monter une campagne de crowdfunding demande du temps et de l'énergie, mais bien réalisée elle peut permettre à un projet de prendre une nouvelle ampleur. Peut-être pourriez-vous battre le record de tous les temps, à savoir la récolte de trois cents millions de dollars sur la plateforme Kickstarter par le jeu Star Citizen ?

* **La garantie égalité femmes**

Dédiée aux femmes demandeuses d'emploi ou en situation de précarité qui souhaitent créer ou reprendre une entreprise, quels que soient la forme juridique de l'entreprise et son secteur d'activité, la garantie égalité femmes, dispositif géré par France Active, a pour objectif de faciliter l'accès au crédit bancaire des femmes pour financer la création, la reprise ou le développement de leur entreprise.

Elle permet de couvrir jusqu'à 80 % du montant du prêt bancaire, d'exclure toutes les cautions personnelles et peut atteindre cinquante mille euros de montant garanti, son minimum étant de garantir 2,5 % du montant total nécessaire.

# Conclusion

Dans un contexte d'inflation et de moindre accès aux financements, après des années d'argent facile malgré les restrictions du Covid-19, la France propose un écosystème encore très favorable aux start-up qui irriguent notre nouvelle économie. La Tech européenne a globalement pu profiter de la pandémie pour accélérer la digitalisation dans bon nombre de secteurs. Elle a vu naître de superbes jeunes pousses et des licornes qui ont proposé des solutions dans tous les domaines : finance, ressources humaines, art, santé, logistique, distribution… Avec des innovations de rupture, elles se sont concentrées sur les nouveaux enjeux de transition écologique, d'indépendance alimentaire et de souveraineté industrielle.

Si les fonds d'investissement semblent donc être plus regardants sur l'usage de leurs capitaux dans les start-up, nombre de projets fleurissent et restent financés. Mais clairement, les objectifs portent moins sur l'hyper-croissance que sur la gestion du cash et le retour à la profitabilité.

Nous sommes cependant persuadés que les femmes ont toute leur place dans cet écosystème et peuvent avoir un impact positif sur la création d'entreprises et de l'emploi. Malgré des obstacles plus nombreux pour elles pour avoir accès aux fonds, elles ont prouvé tout au long de ces dernières années, avec l'éclosion de la « Start-up Nation », la puissance de leur créativité, leur ténacité et leur efficacité. C'est la raison pour laquelle nous avons voulu proposer des rôles-modèles inspirants et égrené des conseils pratiques tirés de leurs expériences qui offrent des clés de compréhension aux enjeux liés à la croissance d'une start-up. Faut-il se développer à l'international ? Combien lever d'argent ? Quand faut-il créer un comité stratégique ? Un conseil d'administration ?

Nous espérons qu'à la lecture des nombreux conseils de ces entrepreneuses que nous avons rencontrées, d'autres sauront faire naître et fortifier leur projet de start-up en profitant de leurs recommandations sur la meilleure manière de capitaliser sur les deux piliers clés de développement – en l'occurrence, la croissance du chiffre d'affaires et la recherche de financement. De nombreuses structures sont disponibles pour les conseiller et les accompagner à la prise de risque et de décisions pour le lancement de leur activité. Nous espérons ainsi avoir donné quelques bonnes pistes en ce sens.

Nous sommes collectivement à un moment de transition important où la place des femmes impacte déjà le type de structures et d'innovations dans l'entrepreneuriat. Une révolution à bas bruit mais rapide. Les sujets de performance, d'inclusion, d'éducation, de santé, de gestion du temps, d'anticipation des enjeux climatiques et énergétiques, mais aussi d'applications numériques et d'intelligence artificielle sont intrinsèquement liés à la présence ou non de femmes dans les solutions proposées. « L'audace ne nécessite pas seulement d'oser prendre des risques. Elle se définit comme le courage de penser par soi-même, d'accepter l'échec et de persévérer », disent la plupart des entrepreneuses qui ont accepté de témoigner dans ce livre. Nous sommes, pour notre part, persuadés que 50 % des start-up peuvent être portées, à tous les stades de leur développement, par des femmes. Elles deviendront pleinement un moteur essentiel de la transformation de nos sociétés et de notre économie.

# Bibliographie


**Les publications régulières de :**

- Forbes : *https://www.forbes.fr/*
- Frenchweb.fr : *https://www.frenchweb.fr/*
- Challenges : *https://www.challenges.fr/*
- Harvard Business School : *https://hbr.org/topic/subject/start_ups*
- L'Usine Digitale : *https://www.usine-digitale.fr/*
- La Tribune : *https://www.latribune.fr/start-up/start-up.html*
- Le Figaro Tech&Web : *https://www.lefigaro.fr/secteur/high-tech/start-up*
- Le Monde Économie : *https://www.lemonde.fr/economie/*
- Le Siècle Digital : *https://siecledigital.fr/*
- Les Échos Starts : *https://start.lesechos.fr/*
- Maddyness : *https://www.maddyness.com/*
- Tool Advisor : *https://tool-advisor.fr/blog/*
- Willa : *https://hellowilla.co/newsletter/*

**Les dossiers et baromètres de :**

- Banque des territoires : *https://www.banquedesterritoires.fr/*
- Baromètre BCG : *https://www.bcg.com/*
- Baromètre EY : *https://www.ey.com/fr_fr*
- Baromètre SISTA : *https://wearesista.com/sista-data-studies/*
- Baromètre StartHer KPMG : *https://kpmg.com/fr/fr/home.html*
- BpiFrance : *https://www.bpifrance.fr/start*
- France 2030 : *https://www.economie.gouv.fr/france-2030*
- France Stratégie : *https://www.strategie.gouv.fr/publications*
- Insee : *https://www.insee.fr/fr/accueil*
- La French Tech : *https://lafrenchtech.com/fr/*

**Les observatoires des incubateurs et autres collectifs :**


- APUR : *https://www.apur.org/fr/observatoires*
- Cercle InterElles : *https://www.interelles.com/*
- Femmes Business Angels : *https://www.femmesbusinessangels.org/*
- Fondation Polytechnique : *https://www.polytechnique.edu/fondation/*
- France Biotech : *https://france-biotech.fr/*
- Les Premières : *https://www.lespremieres.com*
- OCM : *https://www.observatoire-ocm.com/*
- Paris &Co : *https://www. parisandco.paris/*
- State of European : *https://stateofeuropeantech.com/*


**Les livres et documents :**


- Ezraty O., « Guide des Startups en France, 23e éd. », *oezratty.net*, mai 2019.
- The Galion Project : *https://thegalionproject.com/publications/*

# Les auteurs

## Martine Esquirou

Longtemps journaliste économique pour la presse écrite (*L'Express*, *Libération*, *Les Échos*...), membre d'un cabinet ministériel (Éducation nationale), puis directrice de la communication de groupes du CAC 40 et du SBF 120 pendant plus de vingt ans (Vivendi Universal, Canal+, Thomson-Technicolor, Ramsay Santé), Martine Esquirou est aujourd'hui consultante sur la RSE, le management de crise et la transformation.

Membre d'un comité d'éthique et coach, elle accompagne des start-up dans leur positionnement. Membre du réseau International Women Forum France depuis 2018, elle a cocréé Les Assises de la Parité en 2019 et un tremplin start-up dédié aux femmes entrepreneuses. La quatrième édition des Assises et son tremplin s'est tenue en juin 2023, aux côtés de nombreuses personnalités politiques et de plus de cinquante grands partenaires, groupes industriels et de services, fédérations professionnelles et grandes écoles.

## Guillaume du Poy

Après plus de vingt ans au sein de grands groupes internationaux français (Louis Vuitton Moët Hennessy, Louvre Hotels), anglais (Diageo, Regus) ou américain (Disneyland Resort Paris, Starwood Capital Group) à des postes de management ou de direction dans des fonctions marketing ou commerciales, Guillaume du Poy se tourne vers une première expérience entrepreneuriale en prenant un poste de direction générale chez AppartCity, PME nantaise à l'époque devenue leader des appart-hôtels en France.

Enthousiasmé par l'énergie d'une telle aventure, il décide il y a dix ans de mettre à profit son expérience pour accompagner des créateurs d'entreprise dans le lancement et le développement de leurs start-up et scale-up. Il crée alors la société For Value spécialisée dans l'accompagnement et le financement de projets innovants ou à impact, et intervient également en tant qu'expert auprès de nombreux incubateurs et accélérateurs en France.

Il a fortement œuvré pour la naissance et l'organisation des premières Assises de la Parité avec l'International Women's Forum France et a rencontré Martine Esquirou à cette occasion, avec qui il créera le premier tremplin start-up lors de la deuxième édition qui réunira plus de cent trente start-up et scale-up dirigées ou codirigées par des femmes.

Père de trois filles, il a toujours été très sensible aux questions de parité et d'égalité en entreprise et accompagne de nombreux projets pilotés par des femmes.

# Remerciements

Nous tenons à remercier très sincèrement Pauline Boucon Duval qui a bien voulu préfacer cet ouvrage et toutes les entrepreneuses qui ont accepté de témoigner dans ce livre.

Julia Bijaoui (Frichti), Sophie Cahen (Ganymed Robotics), Maïlys Cantzler (Crèche Attitude et Homnia), Chloé Clair (NamR), Raphaëlle d'Ornano (d'Ornano & Associés), Marie Eloy (Femmes de Territoires et Bouge ta Boîte), Jade Francine (WeMaintain), Stéphanie Gottlib-Zeh (Techsia et AgileoSport), Aude Guo (Innovafeed), Chloé Hermary (Ada Tech School), Caroline Lamaud-Dupont (Anaxago), Mathilde Le Roy (KAZoART), Lucile Noury (Green Creative), Alexia Rey (NeoFarm), Donia Souad Amamra et Loubna Ksibi (Meet My Mama), Agathe Wautier (The Galion Project).

Leurs trajets impressionnants nous ont inspiré des portraits et des conseils qui cadencent le livre.

Nous voulons aussi exprimer nos remerciements à tous ceux rencontrés au cours de cette enquête qui nous ont accordés du temps et dont les parcours et les conseils nous ont beaucoup appris.

Les entrepreneuses avec qui nous avons eu grand plaisir à échanger, particulièrement : Nathalie Abi Aad Moysan (Mama Bears), Marie Bouhier (Billi London), Marine Deffrennes et Marion Roucheux (Les Louves), Virginie Faivet (Starthack), Rebecca Fischer Bensoussan (Yolo), Françoise Genet (Institut de santé parasport connecté), Adèle James (Phagos), Pascale Karila-Cohen (DocnDoc), Pauline Lahary (My CV Factory), Laëtitia Olivier (BeGood), Osanna Orlowski (Collector Square), Émilie Vasquez (Le Schack).

Les représentants de fonds et de banques : Laure-Emmanuelle Filly (BNP Paribas), Thomas Geneton (Bowi), Julie Guerny (Société

Générale), Sandra Moreels (Caisse des dépôts et consignations), Fanny Picard (Alter Equity), Claude-Yves Robin (Societex).

Les investisseurs : Catherine Abonnenc (FBA), Baba de Archibab, Cécile Bassot (Win Equity), Chantal Baudron, Pauline Boucon Duval, Luisa Munaretto, Mylène Romano, Cyrille du Peloux.

Les représentants d'institutions publiques : Cornelia Findeisen (ville du Havre).

Les représentants ou dirigeants d'incubateurs, d'accélérateurs ou de collectifs de femmes : Rim Abdelqader (France Active), Véronique Beaumont (L'Escalator), Vanessa Chocteau (Docapost), Loïc Dosser (Paris & Co), Caroline Dumond (Les Premières Sud), Nadège Hammoudi et Gilles Durand (Initiative Ile-de-France), Tatiana Jama (SISTA), L'ascenseur.

# Du même éditeur

84584 - (I) - SOP 90 - NCO - DNN
Imprimerie CHIRAT - 42540 Saint-Just-la-Pendue

Dépôt légal : septembre 2023 - N° 202307.0249

*Imprimé en France*